做财富的主人

李 凡 ◎编著

中国纺织出版社有限公司

内 容 提 要

相信每一个人都想过上美好的生活。如何成就自己的财富人生其中主要的一点是需要掌握正确的理财之道。

本书详细阐述了什么是投资，以及投资的几种选择，比如买股票、买基金、买国债、买期货，投资外汇、房地产，等等，这不仅是积累财富，同时也是为了更有效地保证生活的高质量。

图书在版编目（CIP）数据

做财富的主人 / 李凡编著．--北京：中国纺织出版社有限公司，2020.9
ISBN 978-7-5180-7398-6

Ⅰ．①做… Ⅱ．①李… Ⅲ．①金融投资—通俗读物 Ⅳ．①F830.59-49

中国版本图书馆CIP数据核字（2020）第076539号

责任编辑：江　飞　　责任校对：韩雪丽　　责任印制：储志伟

中国纺织出版社有限公司出版发行
地址：北京市朝阳区百子湾东里A407号楼　邮政编码：100124
销售电话：010—67004422　传真：010—87155801
http://www.c-textilep.com
中国纺织出版社天猫旗舰店
官方微博http://weibo.com/2119887771
三河市延风印装有限公司印刷　　各地新华书店经销
2020年9月第1版第1次印刷
开本：880×1230　1/32　印张：6
字数：108千字　定价：39.80元

凡购本书，如有缺页、倒页、脱页，由本社图书营销中心调换

前言

有这样一句话"你不理财，财就不理你"，虽然看似简单的几个字，却透露出赢得财富人生最重要的诀窍，那就是理财。有人整日痴迷于挣钱，但是理财手段却一般，要么根本就没有理财的打算，要么就让财富搁置在银行发霉了，最终，辛辛苦苦几年下来，自己还是一无所有，看着那微薄的积蓄，觉得要想获得一笔财富是多么不容易。还有的人有理财的打算，但终因投资不当，当初的财富也打了水漂，懊恼不已。

实际上，要想不断地积累自己的财富人生，就要加强理财方面知识的学习，除此之外，也不要把钱看得太重了，即便是投资失败或者理财没有收到良好的效果，也不要灰心丧气，失去继续生活的勇气。有的人认为自己辛苦储存下来的钱，若是用来理财，必然会有所受益，假如理财失败，那肯定是不能接受的，甚至有的人抱着"只能成功不能失败"的心态，一旦哪里出了一点问题，他们就觉得失去了生活的大半部分乐趣，郁郁寡欢。

理财本身也就是一门学问，对于每一个才开始理财的人来说，自己都像是蹒跚学步的小孩子，摇摇晃晃，唯恐在哪里摔一跤，也希望通过正确的理财之道来积累财富，赢得属于自己的人生。当我们在积极理财的时候，不仅需要胆大心细，还需

· 001 ·

要一种坦然的心态，不要把钱的得失看得太重，以至于失去了生活的乐趣。学会舍弃功利心理，以一种平和的心态来积极理财，财就会理你，并且带领你走向人生的成功之路。

理财对于积累财富来说是相当的重要，积极理财的人才会赢得财富人生。也许，有的人认为理财就是把钱存入银行，实际上，如果你的理财方式还停留在"储蓄"，那么你已经out了，这样的理财方式早已经不流行了。当然，要想获得更好的理财方式，还应该以储蓄为主，有了储蓄的财富才会有投资的来源，也才会获得丰厚的利益。现在人们的理财方式层出不穷，除了储蓄适当的急用资金，还可以用来做各项投资，比如买股票、买基金、买国债，投资房地产，或者选择自己创业，任何一种理财方式都会成为赢得财富的方式之一。当然，如何根据自身的情况来选择合适的理财方式，这又是一大学问。

编著者
2019年12月

目录

第1章　理财意识不能没有，越年轻开始越好　‖001

　　设定适合自己的财富目标　‖002
　　"穷人更穷，富人更富"现象　‖006
　　年轻时理财，财富才会光顾你　‖010
　　脱离"月光族"，实现财富积累　‖014
　　穷，是脑袋里缺乏赚钱思维　‖018

第2章　理财知识不能不知，知己知彼百战不殆　‖023

　　学习理财，是最该尽早完成的事　‖024
　　深谙生活中必备的金融常识　‖028
　　一些你不得不了解的税务知识　‖032
　　投资是一门艺术，请不要盲目投资　‖037
　　投资有风险，下手要谨慎　‖040

第3章　用时间生钱是可怜人，用钱生钱才是成大事者　‖045

　　既要低头工作，又要抬头理财　‖046
　　理财，在于你有多少收入　‖049

做财富的主人

月薪两千，教你如何理财 ‖054

月薪三千，教你如何理财 ‖058

月薪五千，教你如何理财 ‖063

第4章　理财投资有门道，走向真正成功的唯一机会 ‖067

投资需要的不是运气，而是眼光 ‖068

做投资，你会技术分析吗 ‖071

人生需要有计划性的投资 ‖076

投资，最重要的是心态 ‖079

如何成为一个优秀的投资者 ‖082

第5章　投资红绿灯，

所有不谈风险的收益率都是"迷魂药" ‖085

投资别冲动，保住本金是第一 ‖086

财富之路，切忌空想主义 ‖089

成功投资者必备的投资理念和模式 ‖092

巧用投资工具，理财理出新高度 ‖095

认识市场，掌握自己的投资资源 ‖098

第6章　储蓄理财，只有管好水库才能开源节流 ‖ 103

储蓄是最简单、最靠谱的理财方式 ‖ 104

理财是从有计划的合理储蓄开始 ‖ 108

另类储蓄，让你获取最大利益 ‖ 111

选择适合的储蓄时间与储蓄方式 ‖ 114

靠谱的储蓄，其实也有风险 ‖ 118

第7章　股市投资，在逐利与恐惧之间做好选择 ‖ 121

你了解股票吗 ‖ 122

股票投资，选择比努力更重要 ‖ 126

股票买入几个重要时间点分析 ‖ 129

忌讳频繁交易，时机才是一切 ‖ 133

第8章　基金投资，按合理的价格买最好的基金 ‖ 137

你了解基金吗 ‖ 138

新手该如何购买基金 ‖ 142

赎回基金，你需要了解这些步骤 ‖ 146

基金组合策略，助你科学投资 ‖ 149

第9章 保险投资，安全系数较高的投资方式 ‖ 153

你了解保险吗 ‖ 154

医疗保险的常见种类 ‖ 158

了解必备的人寿保险常识 ‖ 162

了解必备的财产保险常识 ‖ 165

第10章 房产投资，在力所能及的范围内投资 ‖ 169

什么样的房子适合做投资 ‖ 170

房产投资的优势分析 ‖ 173

看准时机，果断进入房市 ‖ 176

以房养房，投资全攻略 ‖ 180

参考文献 ‖ 184

第1章

理财意识不能没有，越年轻开始越好

　　二十几岁是人生的关键时期，年轻人刚进入社会，不但需要积累知识，积累经验，更要积累财富，因为在这瞬息万变的社会中，存在着各种各样的风险，有金钱上的保障，才能为生活提供保障，提高生活质量。致富的方式有很多，投资、理财或者创业，二十几岁的年轻人只有从现在起就树立理财意识，积累财富，增加收益，才能使自己手中的金钱产生最大的经济效益，才能实现自己的财富梦想！

做财富的主人

设定适合自己的财富目标

有人说，成名要趁早。同样，对于二十几岁的年轻人来说，致富也要趁早。事实上，大部分富翁在二十几岁的时候就已经在投资创业上崭露头角甚至是功成名就了，如果一个人在自己二十几岁时还没找到自己的人生风向和目标，那么，他这一辈子很有可能就与财富无缘了。

二十几岁决定了人的一生，二十几岁的年轻人要懂得找到自己的人生定位，实现自己致富的梦想。因为任何行动，如果没有一个明确的方向，都是无意义的。我们先来看看下面的小故事：

曾经在非洲的森林里，有四个探险队员来探险，他们拖着一只沉重的箱子，在森林里踉跄地前进着。眼看他们即将完成任务，就在这时，队长突然病倒了，只能永远地呆在森林里。在队员们离开他之前，队长把箱子交给了他们，告诉他们说：请他们出森林后，把箱子交给一位朋友，他们会得到比黄金重要的东西。

三名队员答应了请求，扛着箱子上路了，前面的路很泥泞，很难走。他们有很多次想放弃，但为了得到比黄金更重要的东西，便拼命走着。终于有一天，他们走出了无边的绿色，

第1章 理财意识不能没有,越年轻开始越好

把这只沉重的箱子拿给了队长的朋友,可那位朋友却表示一无所知。结果他们打开箱子一看,里面全是木头,根本没有比黄金贵重的东西,也许那些木头也一文不值。

难道他们真的什么都没有得到吗?不,他们得到了一个比金子贵重的东西——生命。如果没有队长的话鼓励他们,他们就没有了目标,他们就不会去为之奋斗。从这里,我们可以看到目标在我们追求理想过程中的指引作用!

同样,致富的过程也不是一帆风顺的,无数成功者为着自己的事业,竭尽全力,奋斗不息。然而,很多成就卓著的人士的成功,首先得益于他们充分了解自己的长处,根据自己的特长来进行定位或重新定位。

甲骨文公司的创建者埃里森没有显赫的身世,甚至可以说出身卑微。1944年,他母亲19岁时生下他,又遗弃了他,全靠姨妈把他抚养成人。在埃里森的记忆里,只与母亲见过一面,知道她是犹太人,而父亲的身份至今还是一个谜。不知是否和身世有关,埃里森的坏脾气臭名远扬,"骄傲、专横、爱打嘴仗"成了埃里森的代名词。

"读了三个大学,没得到一个学位文凭,换了十几家公司,还是一事无成",直到32岁,埃里森才用1200美元起家,创造出"甲骨文奇迹"。

埃里森是推销高手,他不直接推销产品,而是为产品的市场环境造势。他到处宣传关系数据库的概念,称其可以加快数

· 003 ·

据处理效率，容纳和管理更多的数据。与此同时，每次埃里森推介演讲时，题目经常是"关于数据库技术的缺陷"，然后紧跟着就介绍甲骨文是如何解决这些问题的，当场演示，让人们印象深刻。可以说，埃里森成功靠的不仅是技术，更多是市场推销。

埃里森懂得抢先占领市场的重要性：研制产品并将其卖出去是最主要的事情，其余的事情都不重要。他公司的发展策略是：拼命向前冲，拼命兜售ORACLE的产品，扩大其市场占有率。

他培养了一批拼劲十足的销售人员。这些人员的竞争本能得到了最大程度的调动，继而转化为不可思议的战斗力，最终转化成不可思议的业绩。ORACLE的销售部门不是一个"懦夫待的地方"，它是一个竞技场。疯狂追逐胜利的"疯子"在ORACLE会成为吃香的人，发挥平常的人则不受待见，甚至被迫卷铺盖走人。

这就是埃里森的精神，他的成就是2007年福布斯全球富豪榜第11名，上榜资产215亿美元。

松下幸之助曾说，人生成功的诀窍在于经营自己的个性长处，懂得经营长处能使自己的人生增值，否则，必将使自己的人生贬值。他还说，一个卖牛奶卖得非常火爆的人就是成功，你没有资格看不起他，除非你能证明你卖得比他更好。一般来说，很多成就卓著的人士的成功，首先得益于他们充分了解自

己的长处,根据自己的特长来进行定位或重新定位。可以说,埃里森在读书这一点上并不擅长,但他擅长推销,擅长培养人才,他就是一个特立独行的创业者。

成功学专家A·罗宾曾经在《唤醒心中的巨人》一书中非常诚恳地说过:"每个人都是天才,他们身上都有着与众不同的才能,这一才能就如同一位熟睡的巨人,等待我们去为他敲响沉睡的钟声……上天也是公平的,不会亏待任何一个人,他给我们每个人以无穷的机会去充分发挥所长……这一份才能,只要我们能支取,并加以利用,就能改变自己的人生,只要下决心改变,那么,长久以来的美梦便可以实现。"

的确,一个人在这个世界上,最重要的不是认清他人,而是先看清自己,了解自己的优点与缺点、长处与不足。搞清楚这一点,就是充分认识到了自己的优势与劣势,容易在实践中发挥比较优势,否则,无法发现自己的不足,就会导致你沿着一条错误的道路越走越远;而你的长处,却被你搁浅,你的能力与优势也就受到限制,甚至使自己的劣势更加劣势,使自己立于不利的地位。所以,从某种意义上说,是否认清自己的优势,是否能对自己有个准确的定位,是我们能否致富成功的关键。

当然,二十几岁的年轻人,根据自己的优势致富,这不但有助于我们在致富中保持一种正面的积极态度,还有助于帮助我们转换成积极的行动,无疑是一项超强的利器。

 做财富的主人

"穷人更穷，富人更富"现象

有过投资经验的年轻人可能会发现：在投资回报率相同的情况下，本金比别人多十倍的人，收益也是别人的十倍；在股市中，资金雄厚的庄家能兴风作浪，而小额投资者常常血本无归；大企业能利用各种营销手段推广自己的产品，而实力小的企业只能在夹缝里生存。

的确，在我们的现实世界里，永远是强者恒强、弱者愈弱，这是一条残酷的生存法则，这一点，20世纪60年代的社会学家罗伯特·莫顿首次将"贫者越贫，富者越富"的现象归因为"马太效应"。他认为，现代社会，游戏规则往往是那些社会赢家制订的。而"马太效应"来源于《新约·马太福音》中的一个故事：

从前有一个国王，他要进行一次远行，在出门前，他交给他的三个仆人三锭银子，并吩咐他们说："这些钱是我给你们做生意的本钱，等我回来时，你们再带着赚到的钱来见我。"

一段时间后，国王回来了，他的第一个仆人说："陛下，你交给我的一锭银子，我已赚了10锭。"国王很高兴并奖励了他10座城池。

第二个仆人报告说："陛下，你给我的一锭银子，我已赚了5锭。"于是国王便奖励了他5座城池。

第三个仆人报告说："陛下，你给我的银子，因为我害怕

丢失,所以我一直包在手巾里存着,一直没有拿出来。"

国王一听,气不打一处来,便将第三个仆人的那锭银子赏给了第一个仆人,并且说:"凡是少的,就连他所有的,也要夺过来。凡是多的,还要给他,叫他多多益善。"

后来这一现象就被人们称为"马太效应"。马太效应,指强者愈强、弱者愈弱的现象。事实上,在我们的生活中,马太效应也处处存在。

以一个班级为例:在一个班级里面,那些学习上的尖子生,老师就会认为他们在其他方面也是优秀的,并对他们抱以很高的期望,于是,在这种激励下,他们的表现会越来越好,而那些学习成绩差、调皮的学生,就会受到老师的冷落、同学们的孤立等。

再以职场为例:那些在工作上小有成就的员工,在获得奖励和鼓励后,他们的工作积极性也会更高,他们的业绩会越来越好。而那些表现一般的员工,在被冷落后,也就逐渐变得消极,做一天和尚撞一天钟,到最后,他们也就成了公司可有可无的人。

对于生活中二十几岁的年轻人来说,正因为看到了马太效应,使他们不少人认为,致富是富人的游戏。事实上,没有永远的穷人也没有永远的富人,你能成为怎样的人关键就看你想不想拼搏,想不想学习。从真正意义上说,富人与穷人的区别就在于此。曾经有人说:"人们往往容易把原因归结于命运、运气，其实主要是因为愿望的大小、高度、深度、热度的差别而造成的。"可能你会觉得这未免太过绝对了，但事实上，这正体现了心态的重要性，要做富人，你就要有强烈的成功的愿望，并不知不觉地把它渗透到潜意识里去。

只有千锤百炼，才能成为好钢。我们完全可以摆脱曾经消极的想法，成为一个积极向上的人，培养自己的热忱，找到自己的目标，我们就能为现在的自己做一个准确的定位。在外企做人力资源主管的乔治的一次经历，或许可以给我们一些启示：

我刚应聘到这家公司供职时，曾接受过一次别开生面的强化训练。

那是在青岛的海滨度假村，我和同伴们沉浸在飘忽而又幽婉的轻音乐里，指导老师发给每人一张16开的白纸和一支圆珠笔。这时，主训师已在一面书写板上画了一个大大的心形图案，并在图案里面写上了三个字：我无法……

然后，要求每个成员在自己画好的心形图案里至少写出三句"我无法做到的……我无法实现的……我无法完成的……"，再反复大声地读给自己、读给周围的伙伴们听。

我很快写出三条：

我无法孝敬年迈的父母！

我无法实现梦寐以求的人生理想！

我无法兑现诸多美好愿望！

接着,我就大声地读了起来,越读越无奈,越读越悲哀,越读越迷茫……在已变得有些苍凉的音乐里,我竟备感压抑和委屈,泪眼模糊起来。

就在这时,主训师却把写字板上的"我无法"改成了"我不要",并要求每位成员把自己原来所有的"我无法"三个字划掉,全改成"我不要",继续读。

于是,我又接着反复地读下去:

我不要孝敬年迈的父母!

我不要实现梦寐以求的人生理想!

我不要兑现诸多美好的愿望!

结果,越读越别扭,越读越不对劲儿,越读越感到自责和警醒……

在轰然响起的《命运交响曲》里,我终于觉悟:我原来所谓的许多"我无法……"其实是自己"不要"啊!

而此时,主训师又把"我不要"改成了"我一定要",同样要求每位成员把各自所有的"我不要"三个字划掉,全改成"我一定要",继续读。

我一定要孝敬年迈的父母!

我一定要实现梦寐以求的人生理想!

我一定要兑现诸多美好愿望!

越读越起劲儿,越读越振奋,越读越有一种顿悟后的紧迫感……在悠然响起的激荡人心的歌曲里,我豪情满怀,忽然有

一种天高路远跃跃欲试的感觉和欲望。

二十几岁的年轻人,即便现在的你是穷人,也不能放弃致富的愿望,要知道,生活中最大的危险不在于别人,而在于自身。一个人,如果总是意志消沉、消极怠慢,那么,即使曾经的他有再大的雄心和勇气,也会被抹杀,他最终也会裹足不前,一生碌碌无为。我们要为自己的人生负责,每天做好一点积累,你才有可能触及财富与幸福。

年轻时理财,财富才会光顾你

每一个二十几岁的年轻人都是社会中的普通人,需要面对饮食、水电费、住房支出、交友支出、进修支出等诸多生活开支,加之买车买房、结婚生子等,花钱的项目会越来越多,而收入却有限,这便需要合理的投资理财,科学地订立人生规划。因此,二十几岁学理财,三十几岁才会有钱。

生活中,很多二十几岁的年轻人总认为理财投资是中年人的事,或是有钱人的事,其实投资能否致富与金钱的多寡关系并不是很大,而与时间长短的关联性却很大。人到了中年面临退休,手中有点闲钱,才想到为自己退休后的经济来源做准备,此时却为时已晚。原因是时间不够长,无法使复利发挥作用。要让小钱变大钱,至少需要二三十年以上的时间,所以理

第1章 理财意识不能没有，越年轻开始越好

财活动越早越好，并养成持之以恒、长期等待的耐心。

被公认为股票投资之神的沃伦·巴菲特，相信投资的不二法门是在价钱好的时候，买入公司的股票且长期持有，只要这些公司有持续良好的业绩，就不要把他们的股票卖出。巴菲特从11岁就开始投资股市，今天他之所以能靠投资理财创造出巨大的财富，完全是靠60年的岁月，慢慢地在复利的作用下创造出来的，而且他自小就开始培养尝试错误的经验，这对他日后的投资功力有关键性的影响。

越早开始投资，利上滚利的时间越长，便会越早达到致富的目标。如果时间是理财不可或缺的要素，那么争取时间的最佳策略就是"心动不如行动"。现在就开始理财，从今天开始行动吧！为此，二十几岁的年轻人，你需要记住几点：

1.树立正确的人生理财观

不少投资新手，对投资比较陌生，如果不调整好心态，不培养自己正确的理财观，很容易陷入理解的误区。

我们投资理财的目的是：通过建立科学合理的理财规划，达到个人资产的保值增值，以满足人生各个阶段的目标需求。

我们在业余时间可以通过学习了解投资方面的相关信息，通过广泛涉猎基金、股票、黄金、债券等投资类知识，学会阅读宏观经济数据，大体了解当前国内金融经济现状及发展趋势；积极地与周围人讨论对投资方面的一些看法；如果有时间的话可以与银行等金融机构的专业理财师交流，从而加深对投

做财富的主人

资理财的认识，以形成自己的理财理念。

2.明确收支，留住结余

要投资，首先一定要有本金，这是最基础的部分，然后才能生财。

可能你会说，你手头积蓄不多，对此，你要想每月都有一定的结余，必须养成一种良好的理财习惯。充分了解个人财务状况，明确每个月的收入是多少、支出有哪几项、每月的收支结余是多少。养成良好的记账习惯，日常消费开支要索取发票、购物小票并及时登记家庭支出明细表；月底整理所有购物小票，汇总编制家庭资产负债表及收支储蓄表，通过比率分析，可以查明超支项，仔细思考原因以便下个月及时更正，增加储蓄。聚财贵在坚持，或许一开始，收支结余微乎其微，但是每个月都有或多或少的结余，长时间积累起来便是自己的一笔财富。

3.适当投资，选择合适你的投资领域

对于投资，我们必须要有充分的认识，因为任何投资都是有风险的，高收益必定伴随着高风险。在进行投资之前，可以与专业的金融理财师进行详细交谈，充分了解自己的投资风险属性，必须认真阅读产品说明书，详细了解该产品的投资方向及目标，在金融理财师的建议下，选择适合自己的投资理财产品。

比如，如果你想降低风险的话，可以做一份基金定投，作

第1章 理财意识不能没有，越年轻开始越好

为一个长期投资兼强行储蓄，起点低，积少成多，基金是专家理财，定投可以熨平各个经济阶段的投资风险，获得较高的收益。同时手头要留有一定的现金，以备不时之需。

4.订立人生目标，早做个人理财规划

如果你是个刚进入社会的年轻人，对于未来，你要有清醒的认识，未来你要做的有买房、买车、结婚、生子、子女教育、个人进修、休闲旅游、退休等，每一件事情都是人生必须经历的阶段，都需要一笔不小的开支，为了确保这些目标在不同的人生阶段都能够顺利实现，必须及早规划个人资产，给自己提供一个稳定的未来预期。可以在金融理财师的指导下，建立科学的中长期目标，根据个人收入支出状况、增长比率及投资收益率等，做一份个人综合理财规划，日常的财务收支仅仅围绕这一理财规划，以便在不同的人生阶段各个目标都能够顺利实现，无后顾之忧。

为此，理财师向年轻人提出五项投资建议：

（1）现在就开始进行理财规划。

（2）定出目前重要的理财目标——子女教育金、退休金等。

（3）选择适合自己的投资方式。

（4）选个好的股票，每月定期定额投资，强迫储蓄。

（5）选择理财产品时"不要将所有的鸡蛋放在同一个篮子里"，灵活运用多种理财方式。

 做财富的主人

总之，任何一个二十几岁的年轻人，应该将投资理财伴随一生，你不理财，财不理你，学会投资理财，越早越好！

脱离"月光族"，实现财富积累

现代社会，对于不少二十几岁的年轻人来说，他们都有享乐主义的心理，他们喜欢把每个月收入的全部或者绝大部分拿来消费，如购置衣服、娱乐或者享受，所以到了月底的时候，钱包里所剩无几，这就是"月光族"的由来。所以，对于这些人来说，生活不只有诗和远方，还有每个月长长的银行账单和月底空空的钱包。

北京大学做的一次调查显示，我国都市白领中有40%是"月光族"。这些都市的月光一族，虽大多有着稳定的收入，但缺乏理性的消费和理财规划，他们自己也时常奇怪："钱都去哪儿了？"所以，通过理财规划改善自己的财务状况，保障自己的未来，就成了"月光族"需要恶补的第一堂课。

我们可以发现，月光族有着这样的消费习惯：他们挣多少花多少、穿名牌，盲目消费，银行账户总是亏空状态；他们认为，花钱才能证明自己的价值，钱只有在花的时候才是有用的，认为会花钱的人才会挣钱；他们不买房只租房、不买车只

第1章 理财意识不能没有，越年轻开始越好

打车，他们薪水并不低，但确是"格子间"的穷人；而且，这些二十几岁的年轻人大多数单身，花钱能给他们带来满足感，有钱时，他们什么都敢买、不考虑商品价格，没钱时一贫如洗，甚至向父母、朋友伸手要钱。

事实上，这些年轻人都有着几乎相同的成长经历。他们从小在父母的呵护下长大，手里不缺零花钱，从来都是饭来张口、衣来伸手，所以就养成了花钱大手大脚、不知节制的习惯；因为有父母和家庭这一后盾，所以，他们敢超前消费，真到了没钱的时候，还能找父母要钱。

然而，这些二十几岁的年轻人没有想到的是，盲目消费、不知节制的习惯忧患多多。他们的资金是完全处于断开的状态，现在的你可能无需赡养父母、抚养子女，可能是一人吃饱全家不饿，但我们要考虑到风险的存在。比如，月光族们很可能会因为失业或者重大疾病而使生活陷入贫困状态。

再比如，对于一个从不储蓄的人来说，当他们到了适婚年龄、在需要买房成家的时候，他们就出现困难了；虽然银行可以贷款，但是房屋首付从何而来呢？要知道，这可是十几万甚至几十万，并且，每个月的贷款又该如何解决？闲暇时间，想出国走走，却发现自己因为零储蓄而没办法开出存款证明；逛街时，你看到一些价格较高的产品，本来想用信用卡购买，却发现信用额度已经不高了。生活中因为零储蓄而出现的困难实在太多了。

· 015 ·

做财富的主人

另外,在理财已经成为全民认可并实行的今天,理财的第一步就是储蓄,没有储蓄的人就没有"钱生钱"的本金,更不可能通过投资理财来让自己的财产"滚雪球"。

不少年轻人也提出:"我很想理财,可就是没钱怎么办?"可能这是让人最头疼的理财问题了,巧妇难为无米之炊,解决问题的答案只有一个:先学会存钱。

还有,消费虽然能提高一时的生活品质,但从长远的角度看,没有资产的沉淀和积累,要想让生活品质真正提升是不可能的。

储蓄是理财的第一步。只愿享受当前生活,而没有储蓄的人未来的不确定性会比较强,同时也难以达成一些金额较大的开支。为此,每一个年轻人都要做到:

1.强制储蓄

即便你从前没有储蓄的习惯,如果你想获得改变,也要强制自己储蓄。

比如说,你薪水5000元,你在外租房,要交房租,还有水电、生活用品等,这些花费2000元,社交应酬、购物2000元,剩下1000元,一年下来,你能积累12000元;而如果你能在发工资的时候就存2000元,然后在除去必要开支的情况下适度控制自己的消费习惯,一年你就能存24000元,这是一笔不小的积累。

2.理性消费

要投资理财,先要养成良好的习惯,并坚决执行,这不仅

第1章　理财意识不能没有，越年轻开始越好

体现在强制储蓄上，还要懂得控制自己的消费欲望。

"冲动是魔鬼"，我们看到，一些职场白领，尤其是职场女性，她们一发工资就直奔商场，然后拿起信用卡随便刷，结果到了月底，恨不得喝白开水度日。

二十几岁的年轻人，要告别"月光族"必须培养理性消费的习惯，尽量避免日常多次零星购物，虽然每次消费金额不多，但累计起来数目不小。所以，建议年轻人每月制订购物计划，列出详细清单。比如哪些是必须花费的，如房租、网费、水电费、交通费等，哪些是不必要购置的，如添置衣物、购买电子产品和食品等。若兴起购物欲望，先想想这件物品是否必须购买？使用频率高不高？如果今天不买，过几日看看是否还有购物欲望？如果以上都是否定的答案，就该庆幸为自己省下了一笔不必要的支出。

3.管好信用卡

信用卡可以使人提前消费，让你在购物时免除了资金不足这一后顾之忧。然而，也是因为这一点，才无形中刺激了人们尤其是月光族的消费欲望，平时使用不觉得过度消费，每到还款之日才醒悟原来消费了那么多钱。

对于二十几岁的年轻人而言，有必要严格控制可透支金额，尽量将其信用额度降低：遇到必买大件物品时再申请恢复信用额度，以此来提高自己对信用卡使用的控制程度。

总之，任何一个二十几岁的年轻人都要认识到零储蓄的忧

做财富的主人

患,要树立储蓄和理财的理念,为未来幸福的生活打下坚实的基础。

穷,是脑袋里缺乏赚钱思维

我们都知道,不是所有人都能事业成功、获得财富,他们必定有着一些常人没有的杀手锏。当然,就外在实力而言,当然是资金雄厚、人脉广博、技术先进更容易获得成功;而从内在因素考虑,那些智慧过人、乐于学习的人更容易成功。同样,对于二十几岁的年轻人来说,或许现在的你没有资本,没有人脉,但再穷,也不能穷脑袋,保持学习的常态,积累投资理财的知识和经验,才有可能为你带来财富。

另外,在日新月异的当今社会,我们周围的人和事每天都在发生着变化,信息更新之快是我们无法想象的,年轻人只有时刻学习和积累,才能时刻保持敏锐的触觉,看到自己的位置,然后投身到财富的创造中去,否则,盲目投资和理财,只会带来更多的烦恼和痛苦。

小李在一家物流公司工作,每个月工资3000多元,他省吃俭用,在工作的几年里,也存了几万块钱,他不希望自己就这么一直打工,心里一直盘算着如何寻找出路,也在寻找发财的机会。

第1章 理财意识不能没有，越年轻开始越好

一天午休的时间，他无意中看到几个同事在手机上看股票行情，便好奇地问："你们是在炒股吗？"

"是啊。"其中一个同事回答。

"能挣到钱吗？"小李将信将疑地问。

"当然了，不然你指望那点工资生活啊？不理财投资，永远都受穷。"同事说。

听完同事的话，小李觉得很有道理，想想自己也该做点投资了。

后来，在聊天中，小李听同事说有几只股票涨势不错，就买了其中一只，而且买入不少。小李心想，这下子要发财了，于是就坐等开盘结果。

谁知道，还不到三天时间，小李就亏了一万多，这可是小李半年的工资，他心里悔恨，但是又不想抛售，心想万一涨了呢，所以，他还是选择焦急地等待着，可是接下来几天的开盘情况依然糟糕，小李越亏越多，不得已的情况下，他割肉卖出了，一个星期的时间，小李就莫名其妙损失了好几万。

后来，小李去咨询了一位投资经理人，告诉了他自己的情况，听完这位经理人的回答之后，小李才如梦初醒，这位经理人是这样回答的："李先生，任何一种投资，最忌讳盲目行动，尤其是股市，股市是一片汪洋大海，如果你连怎样炒股，怎样选择哪只股都不知道的话，贸然试水，是很容易被股市

吞没的。"

可见，在投资领域，无知的投资是一种冒险，通常带来的结果也是负面的。无知，刚开始时会让你产生幻想，但最终的结果都是痛苦，如果还不意识到自己是无知的，那么痛苦就会继续。

当然，要致富，年轻人不但要注重知识积累，还要注重生活积累；当你的头脑里充满了新的东西时，大脑的工作速度会加快对信息进行分析、思考、判断、推理之后，你就会找到最适合自己的行事方法，而创造力就是如此产生的。

被誉为"中国红顶商人"之一的陈东升，下海经商之前发现，在中国现阶段，最好的致富途径就是"模仿"，看外国有什么而中国没有，就可以做起来。很长一段时间，他总是在新闻联播最后一条看到类似的东西：某某在伦敦索斯比拍卖行买了一幅梵高的名画。电视画面上是一位50多岁的长者，站在拍卖台上，"啪"的敲一下槌子。他想，中国也有五千年的文化，有丰富的文化遗产，这个一定能做得起来。于是，他创办了中国第一家具有国际拍卖概念的拍卖公司——中国嘉德国际拍卖有限公司。第一次拍卖，销售额就达1400多万元人民币。

很明显，陈东升的成功，是因为他接受了外来信息，并融会贯通成自己的东西。

当然，对于刚刚起步的二十几岁年轻人来说，我们不必眼

光放的太高远，我们不必关注世界，可以关注国内，关注身边的事，甚至可以关注你所在的领域。在一个有限的范围内你又是第一人，因为世界无限大，而你生活的世界却不太大，或者说，你只需要在一定的范围内成功就可以了。

当然，要让自己的脑袋"富"起来，二十几岁的年轻人，你需要做到这样几点：

1.做好致富知识积累

任何一条致富路，都是一门学问，所以其本身也是需要我们通过学习积累去获得的。以投资理财为例，事实上，没有人天生会投资理财，大多数都要靠后天的学习去掌握。而学习投资知识的方法有很多。

首先，我们可以通过书本知识，这是最基础的，也是最可靠和扎实的方法。不过市场上的投资书籍五花八门，有心想要读几本来学习掌握一点知识，但不知道该从哪本开始读起，这就需要有所选择。

其次，全面的投资知识学习要从以下几个方面展开：从储蓄、债券、基金、保险、股票、外汇、期货、信托、黄金、房地产、典当、收藏等。

2.学习他人的投资理财经验

投资是一场注重实践的活动，你若想获得最精湛的投资理念、最实用的投资工具、最实战的投资技巧，还要学习最直接的经验，这些都是书本上未必能学得到的，需要我们从投资经

 做财富的主人

验多的前辈身上学习。

3.累积投资理财经验

当然,要学到有用的投资知识,我们还要参与实际的投资活动,进而累积经验。

总之,任何致富路,最忌讳的就是无知冒险,只有具备一定的知识和经验,才能避免盲目跟风,才会真正获益。

第2章

理财知识不能不知，知己知彼百战不殆

投资理财需要年轻人凭借自己的知识和智慧，不是仅凭勇气和运气就能驾驭好的，更不能投机取巧。为此，二十几岁的年轻人要想获得财富，要想学会投资理财，首先要学会的就是下工夫钻研理财这门学问，积累理财知识，以此充实自己的头脑，积累理财经验，并将这些理论知识运用到具体的投资理财的实践中。

做财富的主人

学习理财，是最该尽早完成的事

相信任何一个二十几岁的年轻人都知道，在信息发达的现代社会，对于理财来说，最重要的就是详细了解各方面的信息，并进行综合的判断，将风险降到最低，而这就需要我们学习一些理财技巧。

的确，在脑力制胜的年代，我们要做到成功，就要多关注信息，孤陋寡闻，学识浅薄，是不可能获得财富的。

不得不承认，信息时代的到来、互联网的发达，使人们获取信息的方式越来越多，创造财富的机会也无形中增大了很多，不少人都希望能通过投资理财获得财富。可能年轻人也羡慕那些投资理财高手们的致富经历，事实上，天上不会掉馅饼，即便是这些投资高手，也不会坐等财富，而是掌握足够的理论知识和技巧，并形成自己的理财经验，然后夺得财富。

提到股市，就不得不提"杨百万"，也就是杨怀定，他被称为"中国第一股民"，杨怀定是原上海铁合金厂职工。1988年，他敢于冒险，买进了当时被市场忽略的国库券赚到了第一桶金，并在上海一举成名，随后成为股票市场上炙手可热的风云人物，当时与其一起进入股市的大户们，也只剩下他一个人还活跃于现今的证券市场。

第2章 理财知识不能不知，知己知彼百战不殆

可以说，杨百万具有上海人特有的精明与金融意识，从而成为中国证券历史上不可不提的一个人物，后来其故事被包括美国《时代杂志》《新闻周刊》在内的世界各地媒体争相报道，并在1998年被中央电视台评为"中国改革开放二十年风云人物"。

作为中国证券市场的最早参与者、实践者和见证者，杨百万在证券市场拥有许多"第一"：第一个从事大宗国库券异地交易的个人；第一个到中国人民银行咨询证券的个人；第一个个人从保安公司聘请保镖；第一个主动到税务部门咨询交税政策；第一个聘请私人律师；第一个与证券公司对簿公堂，也是第一个成为股市的"传奇"之人。跟很多日后有了成就的"名人"一样，杨百万只是因为"穷则思变"，开始了他"从没想到过的"人生，那时他不曾想到，有一天自己的故事会广为流传。

有人总结出杨百万投资股票的三大秘诀：

1. 选对时机

职业投资者区别于普通投资者的最大之处在于，他们往往能从变化莫测的股市交易细微处，洞察先机。而他们之所以能看出盘中数字变化传递的信息，是一种经验的积累，亦即股市经历。杨百万提出，看盘主要应着眼于股指及个股未来趋向的判断，大盘的研判一般从以下3方面来考虑：股指与个股方面选择的研判；盘面股指（走弱或走强）的背后隐性信息；掌握市

· 025 ·

场节奏，高抛低吸，降低持仓成本。尤其要对个股研判认真落实。

2.选对股票

好股票如何识别？杨百万建议股民可以从以下几个方面进行：

（1）买入量较小，卖出量特大，股价不下跌的股票。

（2）买入量、卖出量均小，股价轻微上涨的股票。

（3）放量突破趋势线（均线）的股票。

（4）头天放巨量上涨，次日仍然放量强势上涨的股票。

（5）大盘横盘时微涨，以及大盘下跌或回调时加强涨势的股票。

（6）遇个股利空，放量不下跌的股票。

（7）有规律且长时间小幅上涨的股票。

（8）无量大幅急跌的股票（指在技术调整范围内）。

（9）送红股除权后又涨的股票。

3.选对周期

股民可根据自己的资金规模、投资喜好，选择股票的投资周期。

杨百万能够在风云变幻的中国股市数十年不倒，不仅源于他对政策的正确把握，还源于他面对风险时平和的心态，更源于他过人的智慧和不可多得的宝贵经验。这些宝贵的实战经验与技巧无疑是值得现在投资者借鉴的。开发一套体现自己十几

年炒股心得的独特软件,以服务更多的散户投资者,帮助他们实现财富之梦,一直是杨百万的宿愿。现在,在与杭州及时雨信息科技有限公司的紧密合作下,杨百万的愿望终于得以实现"杨百万证券决策系统"在广大股民的企盼中诞生了!

事实上,除了炒股,即便是最常见的理财方式——储蓄,也有技巧可言。如果我们操作得当,也是能获得较多利息的。如果能将长期不动用的一笔活期存款分成两个部分,急用时可以取出一部分,拿到的是活期的利息,而另外一部分就是定期的利息,这样的储蓄方式是远远高于活期储蓄的利息的。

不少二十几岁的年轻人虽然了解理财的重要性,但却没有理财投资的经验,对于基金、股票、黄金、外汇等一窍不通,为此,他们常常会求助于自己的理财师:"现在哪只股走势好,推荐给我,我买!"其实,理财师也只是针对当时的市场给你一个建议而已,至于买不买或者收益如何甚至是否存在风险,他都无法为你承担。所以,你一定要掌握一定的投资理财知识,学会自己分析。

总之,对于二十几岁的年轻人而言,要想实现自己的财富梦想,一定要学习相关的理财知识和技巧,并将之运用到具体的投资理财实践中。

做财富的主人

深谙生活中必备的金融常识

任何一个二十几岁的年轻人,要学会用钱赚钱,要想投资理财,都必须要学习一些理财知识,以下这些必备的金融常识是必须要掌握的:

1.复利

是一种计算利息的方法。按照这种方法,利息除了会根据本金计算外,新得到的利息同样可以生息,因此俗称"利滚利""驴打滚"或"利叠利"。计算利息的周期越密,财富增长越快,而随着年期越长,复利效应也会越来越明显。

复利计算的特点是:把上期末的本利和作为下一期的本金,在计算时每一期本金的数额是不同的。复利的计算公式是:$S=P(I+i)n$,其中以符号I代表利息,P代表本金,n代表时期,i代表利率,S代表本利和。

复利的报酬惊人,比方说拿10万元去买年报酬率20%的股票,大约3年半的时间,10万元就变成20万元。复利的时间乘数效果,更是这其中的奥妙所在。复利的力量是巨大的。印度有个古老的故事,国王与象棋国手下棋输了,国手要求在第一个棋格中放上一粒麦子,第二格放上两粒,第三格放上四粒,即按复利增长的方式放满整个棋格。国王以为这个棋手可以得到一袋麦子,结果却是全印度的麦子都不足以支付。 所以,追逐复利的力量,正是资本积累的动力。

2.泡沫经济

泡沫经济，顾名思义是指经济运行状态像泡沫一样，繁荣的表面终究难逃破灭的结局。

泡沫经济往往伴随着商品价格的大起大落，但泡沫经济不是一般意义上的商品价格涨落，而是专指由于过度投机而导致的商品价格严重偏离商品价值、先暴涨后骤跌的现象，是社会资金过于集中某一部门、同一商品反复转手炒卖而导致该部门短期内扭曲膨胀、生产部门因缺乏足够的资金而长期衰退的一种必然结果。

20世纪出现过多次泡沫经济浪潮，其中较为著名的是日本80年代广场协议引发的泡沫经济。其主要体现在房地产市场和股票交易市场等领域大幅投机炒作上涨达四年。但是一旦泡沫经济破裂，其影响将波及到一个国家的大多数产业甚至国际经济的走势。

大幅短期衰退的可怕在于各项资本投资标的物都出现了来不及脱身的大量"套牢族"，如日本的泡沫崩塌从房屋、土地到股市、融资都有人或公司大量套牢破产，之后产生的社会恐慌心理使得消费和投资产生紧缩的加乘效应，不只毁掉泡沫成分，也重创了实体经济，且由于土地与股市的套牢金额通常极大，动辄超过一个人一生所能赚取的金额，导致许多家庭悲剧，所以这四年暴起暴落的经济大洗牌等于将全日本社会的大笔财富转移在少数赢家手中，而多数的输家和高点买屋的一般家庭则成为背债者,对日后长达一代人的日本社会消费萎缩、经济不振埋下了种子。

20世纪的泡沫经济往往在各国中央银行提高存款利率之后纷纷破裂。泡沫经济主要是指虚拟资本过度增长而言的。所谓虚拟资本,是指以有价证券的形式存在,并能给持有者带来一定收入的资本,如企业股票或国家发行的债券等。虚拟资本有相当大的经济泡沫,虚拟资本的过度增长和相关交易持续膨胀,与实际资本脱离越来越远,形成泡沫经济。

3.洗盘

洗盘为股市用语。洗盘动作可以出现在庄家任何一个区域内,基本目的无非是为了清理市场多余的浮动筹码,抬高市场整体持仓成本。庄家为达到炒作目的,必须于途中让低价买进、意志不坚的散户抛出股票,以减轻上档压力,同时让持股者的平均价位升高,以利于实行做庄的手段,达到牟取暴利的目的。

洗盘的结果就是造成大量的筹码被主力战略性的锁定,从而导致市场内的浮动筹码大量减少,从而使筹码进一步集中到庄家手里,这过程通常称为"吸筹"。

4.仓位

仓位是指投资人实有投资和实际投资资金的比例,大多数情况下指证券投资的比例。举个例子:如你有10万元钱用于投资,现用了4万元买基金或股票,你的仓位是40%。如你全买了

基金或股票，你就满仓了。如你全部赎回基金卖出股票，你就空仓了。能根据市场的变化来控制自己的仓位，是炒股非常重要的一个能力，如果不会控制仓位，就像打仗没有后备部队一样，会很被动。

5.每股股利

每股股利是公司股利总额与公司流通股数的比值，反映的是上市公司每一普通股获取股利的大小，是衡量每份股票代表多少现金股利的指标。每股股利越大，则公司股本获利能力就越强。

6.什么是涨停板、跌停板

涨停板指的是证券市场中交易当天股价的最高限度称为涨停板，涨停板时的股价叫涨停板价。一般说，开市即封涨停的股票，势头较猛，只要当天涨停板不被打开，第二日仍然有上冲动力，尾盘突然拉至涨停的股票，庄家有于第二日出货或骗线的嫌疑，应小心。

中国证券市场股票不包括被特殊处理A股的涨跌幅以10%为限，当日涨幅达到10%即为上限，买盘持续维持到收盘，称该股为涨停板，ST类股的涨跌幅设定为5%，达到5%即为涨停板。

涨停板，是指当日价格停止上涨，而非停止交易。

跌停板是交易所规定的股价在一天中相对前一日收盘价的最大跌幅，不能超过此限，否则自动停止交易。中国现规定跌停降幅（T类股票除外）为10%。

7.跳空

股价受利多或利空影响后，出现较大幅度上下跳动的现象。当股价受利多影响上涨时，交易所内当天的开盘价或最低价高于前一天收盘价两个申报单位以上，称"跳空而上"。当股价下跌时，当天的开盘价或最高价低于前一天收盘价在两个申报单位以上，称"跳空而下"。或在一天的交易中，上涨或下跌超过一个申报单位。跳空通常在股价大变动的开始或结束前出现。

一些你不得不了解的税务知识

税收是国家最主要的一种财政收入形式，是以实现国家公共财政职能为目的，基于政治权力和法律规定，由政府专门机构向居民和非居民就其财产或特定行为实施强制、非罚与不直接偿还的金钱或实物课征。国家取得财政收入的手段有多种多样，如税收、发行货币、发行国债、收费、罚没等，而税收则由政府征收，取自于民、用之于民。税收具有无偿性、强制性和固定性的形式特征。税收三性是一个完整的体系，它们相辅相成、缺一不可。

在我国，税收分为五大类，有28个税种：

1.流转税类

包括6个税种：增值税，消费税，营业税，关税，农业税（含农业特产税），牧业税。这些税种是在生产、流通或服务领域，按纳税人取得的销售收入或营业收入征收的。

2.所得税类

包括3个税种：企业所得税，外商投资企业和外国企业所得税，个人所得税。这些税种是按照纳税人取得的利润或纯收入征收的。

3.财产税类

包括10个税种：房产税，城市房地产税，城镇土地使用税，车船使用税，车船使用牌照税，车辆购置税，契税，耕地占用税，船舶吨税，遗产税（未开征）。这些税种是对纳税人拥有或使用的财产征收的。

4.行为税类

包括8个税种：城市维护建设税，印花税，固定资产投资方向调节税，土地增值税，屠宰税，筵席税，证券交易税（未开征），燃油税（未开征）。这些税种是对特定行为或为达到特定目的而征收的。

5.资源税类

资源税。其中，农业税（含农业特产税），牧业税，固定资产投资方向调节税，屠宰税，筵席税5个税种已停征。

车船使用税与车船吨税合并为车船税。

原企业所得税与原外商投资企业所得税合并为企业所得税。所以现行税种实际只有21种。

作为个人投资者而言，选择的投资方式一般有两种：证券投资和实业投资，而前者需要学习的税务知识并不多，对于后者来说，我们还可以进行划分：

1.个体工商户税务

个体工商户应按照税务部门的规定正确建立账户，准确进行核算。对账证健全、核算准确的个体工商户，税务部门对其实行查账征收；对生产经营规模小又确无建账能力的个体工商户，税务机关对其实行定期定额征收；

个体户一般为增值税的小规模纳税额人，纳税办法由税务确定：

第一，查账征收的。

（1）按营业收入交5%的营业税。

（2）附加税费。

①城建税按缴纳的营业税的7%缴纳；

②教育费附加按缴纳的营业税的3%缴纳；

③地方教育费附加按缴纳的营业税的1%缴纳；

④按个体工商户经营所得缴纳个人所得税，实行5%~35%的的超额累进税率。

第二，个体工商户纳税标准。

①销售商品的缴纳3%增值税，提供服务的缴纳5%营业税；

②同时按缴纳的增值税和营业税之和缴纳城建税、教育费附加；

③还有就是缴纳2%左右的个人所得税了；

④如果月收入在5000元以下的，是免征增值税或营业税，城建税、教育费附加也免征。

核定征收的税务部门对个体工商户一般都实行定期定额办法执行，也就是按区域、地段、面积、设备等核定给你一个月应缴纳税款的额度。开具发票金额小于定额的，按定额缴纳税收，开具发票超过定额的，超过部分按规定补缴税款。如果达不到增值税起征点的（月销售额5000~20000元，各省有所不同），可以免征增值税、城建税和教育费附加。

2.个人独资企业的税负

个人独资企业按照现行税法规定不交企业所得税，而交个人所得税，适用5%~35%的超额累进税率。

（1）不超过5000元的——5%，0。

（2）超过5000—10000元的部分——10%，250。

（3）超过10000—30000元的部分——20%，1250。

（4）超过30000—50000元的部分——30%，4250。

（5）超过50000元的部分——35%，6750。

3.私营企业的税负

我国《企业所得税暂行条例》规定，企业所得税的税率是33%，此是单一的比例税率，而不是累进税率。另外还有两种优惠税率：一是企业所得额在3万元以下，减按18%的税率征税；二是企业所得额在3万元以上不满10万元的，全部所得额都减按27%的税率征税。

根据国家税务总局国税〔2000〕38号《核定征收企业所得税暂行办法》的通知要求，对一些特定企业也可采取核定征收企业所得税办法。

值得注意的是，我国的《企业所得税暂行条例》是针对企业而言的包括私营企业。但对独资、私营合伙企业，不征企业所得税，只按照个体工商户征收个人所得税。

合伙企业税负

4.调整个体工商户个人独资企业和合伙企业个人所得税，合伙企业所得税率计算规定

税前扣除标准有关问题（财税〔2008〕65号）

（1）对个体工商户业主、个人独资企业和合伙企业投资者的生产经营所得依法计征个人所得税时，个体工商户业主、个人独资企业和合伙企业投资者本人的费用扣除标准统一确定为24000元/年（2000元/月）。

（2）个体工商户、个人独资企业和合伙企业向其从业人员实际支付的合理的工资、薪金支出，允许在税前据实扣除。

（3）个体工商户、个人独资企业和合伙企业拨缴的工会经费、发生的职工福利费、职工教育经费支出分别在工资薪金总额2%、14%、2.5%的标准内据实扣除。

（4）个体工商户、个人独资企业和合伙企业每一纳税年度发生的广告费和业务宣传费用不超过当年销售（营业）收入15%的部分，可据实扣除；超过部分，准予在以后纳税年度结转扣除。

（5）个体工商户、个人独资企业和合伙企业每一纳税年度发生的与其生产经营业务直接相关的业务招待费支出，按照发生额的60%扣除，但最高不得超过当年销售（营业）收入的5‰。

投资是一门艺术，请不要盲目投资

任何一个有过投资理财经验的二十几岁的年轻人都已经了解到理财的重要性，"你不理财，财不理你"。然而，理财并不等于盲目投资。事实上，在市场行情好的时候赚钱并不难，难的是躲过不好的市场劫难，并有斩获，且能从本质上深刻认识和分析投资，并建立起相应的投资策略，做到这几点才算得上是成熟的、理智的投资者。

估计年轻人也知道一个道理，人的理财和投资行为都是有风险的，它们之间的不同只是风险的大小而已。那么我们会因为这种风险性而抛弃投资吗？当然不会，因为我们知道因噎废食的道理。然而，一些投资者因为想获得财富而盲目投资，或者跟风投资，别人投资什么，他就投资什么，或者完全凭自己的感觉，把一切寄托于运气，最终结果可想而知，等他们看到账户上的数目减少大半时，才后悔当初。

洛克菲勒曾说过："一切事情，你要搞清楚它的来龙去脉，你得亲自去看……盲目下手的人是捞不到好处的。"这句话和洛克菲勒一直奉行的做事原则——少说多做不谋而合，他有着超强的自信，越临大事越冷静。他在教育子女时，也一直告诫孩子们要凡事动手去做，而不是眼高手低。

同样，生活中的二十几岁的年轻人，从洛克菲勒的话中，你也应该有所启示，理财投资中，你一定要善于思考，思考自己选择的投资方式到底适不适合自己。决不能人云亦云、盲目跟风，这只会浪费自己的时间。只有弄清楚自己到底想要从投资中获得什么，适合什么样的投资以及怎样投资等问题，才是做出了正确的选择。

事实上，我们不难发现，那些真正成功的投资者从不盲目行动，在追求财富的路上，他们的周围也有各种不同的声音，但他们从不怀疑自己的动机，他们坚持自己的想法，最终，他们成功了。我们的人生也是如此，如果一味盲目投资，或者走别人走过的老路，那么，你只能与别人分一杯羹，甚至也有可能失败而归。

其实我们每个人来到投资市场，都是有自己的财富梦的，我们都希望实现稳定获利，步入成功交易之门。但事实却相反，在我们看到的所有的投资市场的交易中，大约80%的交易

者处于亏损状态，而只有10%的交易者处于持平状态，其中很多投资者进行投资很短时间内就不得不带着失落与悔恨放弃投资，真正能从中赚到钱的人毕竟是少数。

投资是一件很独立的事情。尽管投资中也有很多高手，但很多情况下，出于各种原因，不少人还是会亏损，大概所有投资者都希望找到一条避免被淘汰出局的方法，因此，在寻找任何方法和技能之前，我们必须要有一个良好的心态，也就是不能盲目投资，对此，二十几岁的年轻人，你需要记住几点：

1.先思考，后行动

要想把事情做到最好，你心中必须有一个很高的标准，投资也是如此。在投资之前，你最好进行周密的调查论证，广泛征求意见，尽量把可能发生的情况考虑进去，尽可能避免出现1%的漏洞，直至达到预期的投资效果。

比方你之前看准了某支股票，你最好先查找它的资料，了解其涨跌情况，甚至是这家企业的"前世今生"，对其进行一个透彻的了解，这样才能对其做出一个正确的判断。

2.耐心点，先不着急做决定

不焦躁，不虚浮，是投资必备的心态条件，如果你拿不定主意要不要投资，你可以再等看，看看这一投资项目是不是在自己预期的范围内，如果是，再进行投资也不迟。

3.稳定情绪

无论你的投资结果是什么，都要调整好自己的情绪，情绪稳定是做好下一步打算的前提，千万不可自乱阵脚。

4.要强化自我意识

遇事要沉着冷静，自己开动脑筋，排除外界干扰或暗示，学会自主决断。要彻底摆脱那种依赖别人的心理，克服自卑，培养自信心和独立性。

5.不要人云亦云，理智地看待问题

这就好比在股票投资中，我们能听到小道消息，就好比股市当中的小道消息，很多人都说看涨，未必你就会碰到大牛市。所以，在投资领域，保持清醒的头脑，避免人云亦云，理智的分析很重要。你从别人口中知道的也许是虚假信息，而别人否定的也有可能是以讹传讹，让你错过好的投资时机。总的来说，你需要改变和调节心态，从而成为一个理智的投资者。

投资有风险，下手要谨慎

投资风险是指对未来投资收益的不确定性，在投资中可能会遭受收益损失甚至本金损失的风险。为获得不确定的预期效益而承担的风险也是一种经营风险，通常指企业投资的预期收益率的不确定性。只有在风险和效益相统一的条件下，投资行为才能得到有效的调节。

例如，股票可能会被套牢，债券可能不能按期还本付息，

房地产可能会下跌等都是投资风险。

投资者需要根据自己的投资目标与风险偏好选择金融工具。例如，分散投资是有效的科学控制风险的方法，也是最普遍的投资方式，将投资在债券、股票、现金等各类投资工具之间进行适当的比例分配，一方面可以降低风险，同时还可以提高回报。因为分散投资与资产配置要涉及到多种投资行业与金融工具，所以建议投资者最好在咨询金融理财师后再进行优质分散投资。

投资风险是风险现象在投资过程中的表现。具体来说，投资风险就是从作出投资决策开始到投资期结束这段时间内，由于不可控因素或随机因素的影响，实际投资收益与预期收益的相偏离。实际投资收益与预期收益的偏离，既有前者高于后者的可能，也有前者低于后者的可能，或者说既有蒙受经济损失的可能，也有获得额外收益的可能，它们都是投资的风险形式。

投资总会伴随着风险，投资的不同阶段有不同的风险，投资风险也会随着投资活动的进展而变化，投资不同阶段的风险性质、风险后果也不一样。投资风险一般具有可预测性差、可补偿性差、风险存在期长、造成的损失和影响大、不同项目的风险差异大、多种风险因素同时并存、相互交叉组合作用的特点。

我们可以将投资风险分为以下几种：

做财富的主人

1.能力风险

资本社会及经济繁荣的社会,通货膨胀显著,金钱购买商品或业务都会渐渐降低。人们将现金存入银行收取利息,就会担心物价上升,货币贬值。自从1983年10月,港元与美元以7.80挂钩开始,港元的购买力迅速减弱,这种购买力的减低,是购买力风险。因为有此种风险,所以人们要投资股票、地产或其他投资方向,以保持手上货币的购买力。购买力风险,香港人完全体会得到,因此他们都很警惕。

2.财务风险

当购入一种股票,该公司业绩欠佳,派息减少,股价下跌,这就是财务风险。因为有此风险,有些人将资金存入银行,收取利息减少财务风险。

3.利率风险

当买入债券,其价格受银行存款利息影响。当银行存款利息上升,投资者就会将资金存入银行,债券价格就会下跌。这种因利率水平改变,而遭受损失的,称为利率风险。

4.市场风险

市场价格常常会出现波动。每天都有不同的市价。市价的波动,受经济因素、心理因素、政治因素的影响。例如,购买了股票,其后股价下跌,遭受损失,这就是市场风险。

5.变现风险

当买入的股票未能在合理价下卖出,不能收回资金,就是

一种风险。很多一向成交较小的股票，在利好消息的刺激下，股票突然上涨，在这时候大量追进购入，一旦消息完结，其成交量会还原，于是承受了变现风险。投资目标要能随时在合理价下收回资金。这是变现性强的股票。

6.事件风险

与财政及大市完全无关，但事件发生后，对股价有沉重打击，这种事件风险通常都是突如其来的。

对于很多投资经验不足的二十几岁的年轻人来说，可能你会问，既然投资存在风险，那么，该如何识别呢？

投资风险识别是风险管理人员运用有关的知识和方法，系统、全面和连续地发现投资活动所面临的风险的来源、确定风险发生的条件、描述风险的特征并评价风险影响的过程。投资风险识别是风险管理的首要步骤，只有全面、准确地发现和识别投资风险，才能衡量风险和选择应对风险的策略。

投资风险的识别具有以下几个特点：

（1）投资风险的识别是一项复杂的系统工程。由于风险无处不在，无时不有，决定了投资过程中的风险都属于风险识别的范围。同时，为了准确、全面地发现和识别风险，需要风险管理部门和生产部门、财务部门等方面密切配合。

（2）投资风险识别是一个连续的过程。一般来说，投资活动及其所处的环境随时都处在不断的变化中，所以，根据投资活动的变化适时、定期进行风险识别，才能连续不间断地识别各种风险。

（3）投资风险识别是一个长期过程。投资风险是客观存在的，它的发生是一个渐变的过程，所以在投资风险发展、变化的过程中，风险管理人员需要进行大量的跟踪、调查。对投资风险的识别不能偶尔为之。

（4）投资风险识别的目的是衡量和应对风险。投资风险识别是否全面、准确，直接影响风险管理工作的质量，进而影响风险管理的成果。识别风险的目的是为衡量风险和应对风险提供方向和依据。

第3章

用时间生钱是可怜人，用钱生钱才是成大事者

对于二十几岁的年轻人而言，他们大多数养成了大手大脚、毫无节制的花钱习惯，而到了囊中羞涩时才想起应该做理财规划。的确，二十几岁虽然还年轻，但也要为未来的生活考虑，年轻人要想让自己过上幸福的生活，必须从现在起做好理财规划，但不同的人，有不同的收入，理财计划也该量体裁衣，这样，才是有针对性的，能达到应有的效果。

既要低头工作，又要抬头理财

身处21世纪的今天，理财投资是我们每个人都关心的话题，尤其是对于年轻的上班族而言，学点投资技能是必要的。我们都知道，当今社会，物价上涨、货币贬值，而上班族的工资依然微薄。从理财投资中获得财富能改善我们的生活，可以使我们的钱不会因通货膨胀而贬值，可以让我们本来就少得可怜的收入得到合理支配。所以每个二十几岁的年轻人都要记住，现代社会，不但要努力工作，还要学点理财投资，不然我们只能受穷。我们先来看看下面一则故事：

陈明和王斌是大学同学，而且毕业后在同一个城市工作，也选择了同样的行业，所以，刚开始，他们的薪水都差不多，也存不下什么钱。然而，就在第二年的时候，陈明就告诉自己的好朋友王斌要买房了。王斌听完以后，简直不敢相信，要知道，在这个寸土寸金的城市买房，不是什么人都敢开口的。而且，他们都是才开始工作的年轻人，就是工作多年、小有积蓄的人也不敢说这样的话。但是，陈明有自己的想法，他认定此时买房是绝佳时期。虽然手头存款只有几万，但是加上家里的资助，首付是绝对没问题的，其他的，陈明和他女朋友两个人的工资完全可以支付按揭了。果不出其所料，这套房子在第二

年价值就翻了一倍。此时，陈明赶紧将其出售，并用卖房的钱为自己买了一套小型公寓，还买了一辆车，这样，他和女朋友在这个城市也有了落脚之地。

在毕业不到三年的时间里，陈明就凭借自己出色的投资能力成为这个城市的有房有车一族，而他的好朋友王斌因为对投资理财一窍不通，只是按部就班地努力工作，然后每月将薪水存入银行中。接下来的三年时间里，虽然他的存款也在增长，但是他没有看到物价上涨、货币贬值的因素，虽然存折上的钱在不断增多，但是其购买力却并没有相应增长。

不少二十几岁的年轻人都已经认识到了理财的重要性，也有些年轻人开始投资，但是却没有一个理性的理财投资计划。比如，一些年轻人看到别人在股市赚到了钱，就跟风炒股，把钱投进股市里，结果遇上熊市，血本无归。这样的人无疑是吃了偷懒的亏。要知道，投资也不是天上掉馅饼的，不努力而寄希望于投机取巧，世间哪有这样好的事呢？

我们也看到一些二十几岁的年轻人说要投资，他们也会查资料、翻报纸，看杂志，问口碑，勤快得很，但一旦真进行投资了，就不管了。一些信托公司会告诉你购买他们的基金就高枕无忧了，但如果你真的有这样懒惰的心理，还是不宜投资。因为这懒惰的性格，可能会造成血本无归的下场。比方说，有人在投资中赚了高兴，而一旦赔了，就安慰自己"没卖就没赔"，后来一直放在手中不卖，亏到连本都拿不回来，再后悔

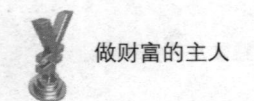

为时已晚。所以投资要勤快，而且要持续地勤快。

另外，你需要多了解一些财经知识，千万不要以为这只是财经界人士的事情。因为你的生活处处充满着投资的学问。另外，多跟一些投资高手交流，或许，你会得到意外的收获。

还有，无论你现在准备投资做什么，你都必须要有创新意识，要敢做敢想，要敢于投资那些别人不敢涉足的领域。

《福布斯》杂志2000年度公布的中国内地50位拥有巨额财产的企业家的名单中，年轻的阎俊杰、张璨夫妇因拥有1.2亿美元的财富而名列第23位。另据《粤港信息日报》报道，张璨名列由有关部门策划并组织的"当今中国最具影响力的十大富豪"之一，是十大富豪中唯一的也是最年轻的女性，在这份资料中，张璨的个人资产超过了25亿元。

张璨，女，北京达因集团董事，北京达因科技发展总公司董事长。张璨致力于推进我国民营高科技产业发展和科技进步事业，刻苦创业，在高新技术产业化方面作出了突出贡献。

她致力于引进外国先进的计算机技术和网络技术，服务于中国市场和用户。1987年，她领导的企业率先在中国拓展EPSON系列打印机市场；1992年，她领导的企业在中国市场大规模销售康柏电脑；1994年，达因成为康柏在亚洲的最大代理商；达因网络工程师部为人民大会堂和多家银行等国内大型机构提供了先进的网络服务。达因正在建立自己的大型显示器厂，并致力于发展自己的电脑技术，发展达因品牌的计算机

产业。"达因"已成为具有国际影响的电脑行业服务标志。

1995年投资2000万元与北京大学合作成立了北大达因生命科学工程有限公司。目前，生物工程科学研究与开发已成为达因高科技产业群体的重要支柱。

张璨说："我觉得一个人最重要的是要有一个梦想，这个梦想可以很大，也可以很小，这需要依靠你的个性和能力去决定。然后你为了实现这个梦想去努力、去奋斗，其实就够了。"张璨的投资创业经历是曲折的、艰辛的，但我们能看到的是，她的成功是必然的，因为她致力于科技进步，这本身就是一条与众不同的创业路，最终，她成功了。

总之，渴望财富的二十几岁的年轻人，都不要再死守你的一亩三分地了，只满足于挣工资而没有投资理财的意识，永远无法积累起财富，尝试去发现新的事物，尝试学习并做一些投资，你会有所收获。

理财，在于你有多少收入

在二十几岁时，很多人都刚从学校毕业，踏入社会后努力工作，为生活而忙碌，都在积累社会和工作经验，而不太注重理财。然而，处于这一时期的年轻人要知道一点，固定的薪水只能为你提供安稳的生活，而改善生活质量、提高生活水平，要想真正地拥有财富、实现财务自由，就必须要学会用钱赚钱，而这首先就需要懂得管理自己的个人财产，制订可行的理财计划。

事实上，理财并不是有钱人的专利，是与每个人息息相关的事。一些年轻人或许已经看到，在同一公司工作、收入完完全全相同的两个人生活水平完全不同，一个在挣扎着生活，而另一个人生活得悠然自得，这完全取决于你有没有理财规划。

的确，善于理财者可以通过理财计划、通过时间的累积而创造财富，而不善于理财者拥有很多的金钱和财富也仍然可能会陷入破产的境地。所以香港财神李嘉诚曾经深有体会地说："致富的过程是马拉松，第一个一百万很难，但是挖掘到了第一桶金以后财富的积累和增长速度就会很快。"

因此，二十几岁的年轻人，如果你不想挣扎着生活一辈子，那么从现在开始做你的规划理财吧!

当然，对于不同收入、不同社会群体，理财方法应该是不同的，因为理财计划是非常个性化的。

那么，该如何选择理财产品呢？

目前，虽然投资者可选择的投资渠道越来越多，但是，对于普通投资者的需求而言，还是比较有限的。对于不同类型的投资者，最好事先做出一个自我定位，选择适合自己的投资品种。比如：

1.高收入人群

高收入人群，顾名思义，就是他们的经济能力、投资能力较强，与一般收入者相比，自然投资需求也不同。

专业投资人士对于这类人群给出建议：高收入人群的资产保值是第一位的，增值其次，在投资产品上，他们除了可以投资股票和债券这些普通投资人群都选择的品种外，还可以选择那些价值较高的古董、黄金等产品进行投资。

不过，专家也认为，这些高收入者也可考虑涉足房产领域。就目前房地产市场行情看，选择3—5年左右的时间做房产投资，其收益也会比较可观。

2.收入固定的上班族

上班族薪水固定，可以尝试去购买一些打新股产品、FOF产品、货币基金、债券基金等。一些表现好的债券基金，其年化收益率可达到10%~15%不等，甚至更高。

对于二十几岁的年轻人来说，如果你已经有了子女，不妨进行一个长期基金定投来补充子女的教育金，每个月投入300~1000元即可，从长期来看，其年化收益率并不低于CPI，是一款保值增值的好产品。

对于基金定投而言，是比较适合这样几类人群的：每月薪水固定，但手头又没有大笔资金的上班族；有一定投资需求，但同时又缺乏专业的投资经验的投资者；重视长期投资，注重稳定长期收益的稳健型投资者。

3.离退休人员

对于这类人群,他们有部分或者已经没有了收入,也就是"吃老本"了,为此,专家建议,处于此年龄段的投资者可以购买收益比较稳定的国债、债券、黄金等来实现保值增值。也可以购买一些养老保险,然后交给保险公司去运营,以此来补充社保的不足。另外,理财师强烈建议这些离退休人员,对于风险较高的股票投资,最好不要涉足。

当然,对于二十几岁的年轻人来说,这一理财方式并不适合。

4.风险回避者

风险回避者看重的并不是高收益,而是低风险,毕竟风险与收益率是成正比的,对于这类人群,可以选择基金定投。专家建议这类人群不要购买大量股票,可以选择债券、国债。其收益目前来看高于储蓄但低于CPI,因为目前的CPI只是一个阶段性的高点,随着环境的变化,他们也会显现出良好的投资价值。

5.风险偏好者

风险越高,收益当然也可能越高,对于风险偏好投资者而言,可以根据自己的风险承受能力,对自己的投资品种进行权重上的配比。

专家认为,高风险偏好者的投资组合中,股票所占的比例一般在30%~50%不等,甚至更高,债券所占比例一般在30%左

右，另外还可辅配一些国债等其他产品。

当然，对于二十几岁的年轻人而言，他们的理财投资经验不足，在选择理财产品之前，一定要了解以下几点：

（1）要了解大的市场环境。

（2）要了解各种理财产品的特性。

（3）要了解自己的风险偏好。自己到底是哪种风险类别的人，要做判断也很简单，你可以自己判断，也可以到银行购买理财产品前，让银行的理财经理做一个风险测试，从风险测试中来判断自己的风险类别，风险类别一旦确定，最好购买与自己的风险属性一致的理财产品。

（4）要了解自己的财务状况。在购买理财产品时，一定要对自己的财务状态有一个清楚的了解，然后再决定购买哪种理财产品。

（5）要了解理财产品的投资结构。无论是投资还是理财，稍有经验的人都知道，不要把鸡蛋放在一个篮子里，这是投资理财的永恒法则。

因此，二十几岁的年轻人，也要经常检查自己的投资理财结构，不要过度地投资在同一类型的理财产品上，要建立适合自己理财风险承受能力和理财偏好的理财组合，只有这样，才能安享理财带来的收益。

做财富的主人

月薪两千，教你如何理财

月入在2000元左右的上班族，大多是刚刚走上工作岗位的二十几岁的年轻人，他们刚从学校毕业、踏入职场，正处于人生的成长期，也为收入起步阶段，在这一阶段，理财的关键是平衡收入与个人支出，节流重于开源，抑制消费，承受风险，此外，投资自己，多学习长见识也是必要的理财。那么，对于这样的年轻人该如何理财呢？我们先来看看物流仓管小李是怎么做的。

小李今年23岁，大专学历，从学校毕业后在一家物流公司做仓管，上班两年时间，月入2000元，单身，平时也不怎么应酬，偶尔买几件衣服。

刚开始工作时，对于微薄的薪水，他很苦恼，为此，他请仓库的老师傅给自己支招，老师傅告诉他千万不能做月光族，虽然薪水低，但也要学会理财，并告诉他三个可供选择的理财方案："第一个方案，你每个月工资2000元，一年收入24000元，要首先预留备用金，大概是5000元左右，这备用金可以购买货币基金，货币基金流通性好，赎回时间短，可以合理利用。第二个方案，可以购买几支基金，包括股票型、混合型、债券型基金，投资比例为50%股票型基金、40%混合型基金、10%债券型基金，当然，可以做适当调整。第三个计划是，每月2000元总收入，首先除去月支出假设为1200元，剩余资金

800元，可选择定投基金，可以选择2支基金，可以是指数型基金、混合型基金各定投200元，持续定投时间在3~5年，可为日后养老以及结婚备用金做好充分准备。还剩400元，可以购买保险特别是分红险，还有医疗保障养老保险，大概每月200元保费，剩余200元资金可以储备旅行经费外出旅游。"

如今，小李的工资已经涨到3000元了，在过去的两年时间里，虽然他没有发财，但老师傅为他提供的理财计划确实帮了他不少忙，现在他已经小有积蓄了，而公司的其他几名和自己年龄相仿的同事，个个还是"月光族"。

小李的理财经历告诉二十几岁的年轻人，作为初入社会打拼的一般工薪阶层人士，节流并首先养成量入为出的节俭消费观念极为重要和现实，这也是培养理财意识的基础。然而，这并不等于无须理财，事实上，正因为收入低，才更需要理财，而不至于让自己陷入困窘的境地。对此，专家建议二十几岁的年轻人记住：

1.学会节流

这一点和储蓄的必要性是相同的，毕竟一个月2000元的工资不多，在没必要花钱的地方就节约，只要节约，一年还是可以省下一笔可观的收入，这是理财的第一步。

对于这一点，你可以养成记账的习惯，看看自己平时的钱都花在哪里了，你可以以星期为单位，也可以以月为单位，在第二个星期或者第二个月里，对于不必要消费的地方，你就能提醒自己避免开支了。

2.做好开源

不管积蓄有多少，都要合理运用，使之保值增值，使其产生较大的收益。

3.善于计划

计划的目的就是为了让钱生钱，这样能使将来的生活有保障或生活得更好，善于计划自己的未来需求对于理财很重要。

4.合理安排资金结构

你需要在平时的消费和未来的收益之间找到一个平衡点，你可能不擅长这一点，对此，可以寻求专业人士的帮助。

5.根据自己的需求和风险承受能力考虑收益率

高收益的理财方案不一定是好方案，适合自己的方案才是好方案，因为我们都知道，收益率和风险之间是成正比的，而适合自己的计划和方案不仅能达到收益的目的，也能将风险控制在一定的范围内，为此，年轻人千万不可盲目选择理财和投资方案。

那么，接下来，一些年轻人可能又会产生疑问，该如何选择理财产品而使自己的有限收入保值、增值呢？以下是理财专家给出的建议：

1.强制储蓄

这样做的效果是能积累资产，毕竟月收入2000元左右的水平，并不算富裕，最重要的还是开源节流。

对于二十几岁的年轻人来说，可以考虑的就是先强制自己养成储蓄的习惯，你可以选择基金定投，每个月你只需要从收入中拿出几百元来，这不会影响到你的日常生活。

当然，如果你已经有了一定的积蓄，你也可以选择购买银行保证收益的理财产品。

2.购买纯消费型定期寿险

在进行稳妥理财的同时，还可以关注保险保障的功能，对于月入2000元的年轻人，他们也有一定的支付保险费用的能力，他们较适合保费的投保方式。

专家建议，这类年轻人更适合购买纯消费型的定期寿险品种，相对那些含有储蓄功能的万能型、分红型险种来讲，保险费用便宜不少，更能体现保险产品的价值所在。

3.谨防陷入无节制消费信用卡的恶性循环中

对于职场年轻人来说，通常乐于使用信用卡，信用卡让我们免除了随身携带现金的烦恼，但同时，不少年轻人也不可避免地成为了名副其实的"卡奴"。

在此，理财师给予建议：首先需要明确，信用卡消费是透支性消费，也就是今天花了明天的钱；信用卡与当日的货币值是等价的，只不过不是现金支付而已，也就是说，刷卡也是在花钱，只不过你没有看到货币而已；切忌将工资卡当成消费卡随身携带，特别是"购物狂"们，只有先克制自己刷卡的欲望，才是告别"月光族"，实现财富累积的第一步。

4.随着收入的增长,可以关注较高风险的投资产品

在你具备了一定的保障金的前提下,除了配置定期存款、银行理财产品、基金定投外,不妨适当配置一些具备较高风险的投资产品。

不过,专家建议,年轻的投资者可遵循"80"法则来进行投资分配,即(80-现在的年龄)×100%为投资到风险资产上的比例。另外,需要准备家庭3至6个月的消费支出为紧急备用金,以应对不时之需。

月薪三千,教你如何理财

月收入3000元左右的人群,大多已经有了三四年的工作经验,而且收入也在逐步提高,但工作和生活的压力也会随之提高,尤其是对于二十几岁的年轻人来说,还要面临如职位升迁、组建家庭、抚育孩子等。因此,对于处于这一收入阶段的年轻人来说,一定要好好规划自己的资产分配。

那么,这类人应该怎样理财呢?对此,我们不妨先来看看职场白领小张是怎么做的。

小张今年28岁,在国企上班,工作稳定,收入稳定,月入3000元左右,目前单身,没有房贷、车贷。公司购买了三险一金,另外,她自己还购买了商业保险。每月剩余工资2000元,

上班几年，她也存了几万元，最近，听朋友谈起理财投资的事，才认识到自己也该关注这一点了。所以，她希望能把每个月的剩余资金用于投资，想做一些风险小的投资，收益比银行存款收益高一些就可以。

为此，她经朋友介绍，认识了一位理财师，理财师为小张分析：

"目前虽然你还处在理财投资的初级阶段，但因为你的职业稳定，所以理财前景还是十分广阔的。另外，你有三险一金，自己又购买了商业性保险，正可谓是双保险，因此不用再增加任何保险产品。虽然现在你没有房贷和车贷，但是你每个月的剩余资金并不多，而且，一旦遇到点什么事，你很有可能无法应付。最后，你一点理财经验都没有，对于你提出的产品选择要求，我认为你可以选择管理时间较久的股票型基金。"

在我们生活的周围，有很多和小张一样二十几岁的年轻人，他们工资不高也不低，其实，我们都知道，这一收入水平虽然不算高，但是满足基本的生活需求还是足够的，在一般的城市来说应该也算是中等收入，但有的年轻人工作有好几年了，却发现自己手中根本没有多少积蓄，月前潇洒，月中恐慌，月末狼狈，一旦有个小毛病什么的，往往还要借钱度日，为此，理财专家给出了几点理财建议：

1.买一份储蓄性的保险

这类保险可以说是一本万利的，从你的3000元收入中，每个月大概拿出300元左右，给自己买一份储蓄型重大疾病保险，这样，如果不幸出事，至少不会为自己或家人带来重大的经济负担，而且，这类保险最大的优点是，在一辈子平安无事的情况下，你可以将收益留给自己养老或者留给家人。

2.明确自己每个月的开支

中国人常说："吃不穷，穿不穷，不会算计就受穷。"月入3000元并不是高收入，更不允许你乱花钱，毕竟，赚的钱不是钱，省下来的钱才是钱。

事实上，可能你没意识到的是，日常生活中很多的消费支出是不必要的。因此第一步是学会记账。

记账并不是单单记下钱花在哪里，而是要科学地计划和执行。首先，月初的时候应该制定好消费计划。比如，这个月一共花多少钱，这些钱要分配在什么项目上？要是这个月少花了，那么多出来的钱要怎么用？计划做好了，最重要的是执行，所以最好每天记一下生活账，可以选择用本子记账，也可以使用记账软件。

3.小妙招让你积累金钱

在购物或是消费的时候，若是对方找给一张五元的钞票，就假设这张钱不存在，拿出来放在另一个口袋里，回家后放入一个盒子收好。等攒到100元或者更多的时候就带去银行存起来。

4.多做饭，少在外面吃

无论是从经济的角度看，还是从卫生环保的角度看，我们都建议自己在家做饭，细心的你如果做个算术题，就知道能节约了多少钱。既然如此，何乐而不为呢？

因此，对于二十几岁的年轻人来说，与其抱怨自己工资低，不如花点时间和精力，学点理财和投资，要知道，付出总有回报。

如果你月入3000元，要想理财，一要选对投资品，二要方法正确。理财的重点在于尽量减少现金持有量，提高资金管理能力，使利用率达到最大。以下是几点建议：

1.必要资产流动性

这部分主要是为了解决基本的生活所需，还有就是预防突发状况的出现，如疾病、事业等，为此，你可以在银行设立两个账户，一个用于日常消费（活期），每月存入2000元；另一个用于存放三个月的基本生活费用（定期），7000元左右。

2.积累财富

积累财富的方法有很多：炒股、炒基金、炒国债、炒房等，基金定投被称为"懒人理财法"，对于月入3000元左右的工薪阶层而言，是比较适合这类理财方法的，而股票相对风险太高，如果你不了解股票，且承受风险的能力比较低，最好远离股市。

3.完备的风险保障

年轻人要有风险意识，不仅是投资理财上的风险，更有平日生活中的风险，否则，一场意想不到的大灾很容易让人陷入困境，所以，要为自己购买一定金额的人身险、健康险等，如果有贵重的实物，也可以给它上个保险。对于保险的额度应该根据自身的情况而定。

4.规划教育投资

二十几岁的年轻人，一些人已经育有小孩，一些人也正在准备结婚生子，所以都要提前考虑孩子的养育和教育问题，最好在有孩子之前一年就开始攒，而且现在有很多保险公司都有关于孩子的教育业务，选择教育保险也是一项不错的投资。

另外，对于二十几岁的年轻人自身，也要注重自身的教育问题，要为自己投资和充电，这样，有利于自己的职业发展。

5.有条件的话，可通过不动产获得被动收入，如房租收入等

6.适当尝试一些新的投资品种

比如，纸黄金，2005年时，一些黄金投资者的年收益都高达20%左右。而纸黄金进入门槛相对较低，只需1000元就能开户交易，不失为一种良好的理财选择。

不过，对于投资经验尚浅的年轻人来说，还是先需要学习一定的投资知识，不可轻易入手。

月薪五千，教你如何理财

月入5000元的收入水平对二十几岁的年轻人来说已经是很不错的了，但因为这一阶段的年轻人正处于事业的上升期，加上其他各种原因，开支也在增长。因此，对于这一收入水平的人来说，不适合选择某些高风险的投资理财方式，相对而言，中庸的理财风格，比较适合这一类人群。

叶小姐今年26岁，未婚，在一家外企担任行政助理的工作，月入5000元左右，年底有2万元的年终奖。

叶小姐是个喜欢外出活动的人，每个月她在购买化妆品、衣物以及交际应酬上的费用就有4000元左右，而且她还有张信用卡，她也偶尔会用信用卡购买奢侈品，目前已经透支了2万元，每月只还最低还款额，储蓄存款仅3000元，没有购买任何理财产品。

叶小姐计划与男友两年后结婚，希望到时候有5万元的资金可以筹备婚礼。然而，就目前她的财务状况来说是不大可能的，陷入财务危机的叶小姐想到了理财规划，所以找到了理财规划师，希望能解决自己的财务问题。

理财规划师给叶小姐提出了几点建议："你是典型的'月光族'，现在每个月的支出比收入还多，这样很难积累资金，所以首先你要做的是改变自己的消费习惯，另外，还要做适当的理财投资，因为摆在你面前的是5万元的结婚费用，将来还有

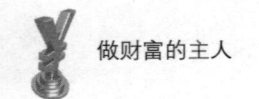

医疗、养老和教育孩子的问题。"

接下来,理财规划师针对叶小姐的财务问题给出了具体的建议:

(1)控制消费欲望,改变消费模式。你可以养成记账的习惯,对于不必要的开支,坚决杜绝,每月将支出控制在3000元以内,每月可结余2000元左右进行投资。

(2)在最短的时间内还清信用卡。现在你因为开支大,所以每个月只还最低还款额,而你忽略的是,没有还掉的部分是有利息的,而这比贷款利率都高。因此,你可以用现在每个月剩下的钱和你的年终奖在最短的时间内还清你的信用卡。并且,喜欢刷信用卡的习惯一定要改。

(3)当你的信用卡还清之后,还要给自己预留三个月的生活费用,即9000元作为紧急备用金,以备不时之需。可以预留3000元的现金或活期存款,其余6000元用来购买货币基金,在保持流动性的同时,尽量提高收益率。

(4)对于你两年后需要5万元的资金来结婚的要求,按照你目前的收入状况,如果能合理控制消费的话,两年的年终奖即有4万元,投资后积累到5万元的压力不大,对于收益率的要求也不高,同时由于这部分资金的需求弹性较小,因此建议李小姐购买保证收益型或者保本浮动收益型的理财产品,保证这部分资金的专款专用。

(5)按照我给你的建议,你每个月可以结余2000元左右,

你可以拿出500元用于一年期定期存款，每月存一期，到了第二年，就会连本带息，加上当月的500元，再存一年期的定期存款。这样一年后，每个月都有一笔定期存款到期，不但可以供不时之需，自己也积累起一笔资金，用于婚后的生活或者其他支出。

（6）除去存款500元，每月余下的1500元，你可以做基金定投，不过为了分散风险，你可以选择三只不同的基金：指数型、偏股型和混合型基金，你可以做长期投资，用于以后的教育资金或养老费用。

（7）当你积累了一定的资金后，你还可以选择一定的保险产品，婚前可选择人身意外险，婚后可以以配偶为受益人互相购买人寿险，还可选择重大医疗险，加强自身的保障。

以上是理财规划师针对外企白领叶小姐的具体财务状况给出的理财建议，具有类似财务状况的二十几岁的年轻人都可以拿来借鉴，当然，针对收入5000元左右的年轻人，我们可以做出一般性的总结：

1.控制消费支出

在保证生活质量的前提下，缩减不必要的开支，将每月消费控制在3000元以内，从而提高财富积累速度。

减少在奢侈品以及吃喝玩乐上的开支，每月可以暂时拿出500元购买基金，强制性地养成理财习惯。

2.定期定投买基金

你可以选择一些"强制性"投资,强制自己积累资金,如定期定额买基金,如低风险的货币基金。

3.购买保险

一般的企事业单位所购买的社保和基本公费医疗的保障功能单薄,所保险的额度也有限,为此,你可以补充这一不足,比如拿出15%—30%的收入购买个人意外伤害保险或养老保险等,用于加强保障。

4.购房规划

二十几岁的人都要准备成家或者已经成家,这时购房就成为很多年轻人考虑的问题了,月入5000元可能有些资金不足,但你可以通过申请公积金及商业住房的按揭组合贷款的方式来解决。

5.投资规则

除了日常支出和按揭还贷外还有一些结余,所购置的房产可以用于出租,至少每个月有1000元左右的收入,而这些收入可以将其投资于每月定期定额的基金产品。

总之,在一个全民理财的时代,对于月入5000元的年轻人来说,还是应该做好财产分配和规划,学会用最小的投入获得最大的收益。

第4章

理财投资有门道，走向真正成功的唯一机会

在当今这个经济迅速发展的年代，赚钱的工具和手段越来越多，除了理财，还有投资，理财与投资不同，投资是用钱去赚更多的钱，理财是把钱合理安排以保证有更多的钱。投资不等于理财，理财是对财富的长远和全盘规划，是运用各种投资产品做组合，以达到分散风险、实现目标收益率的一种手段。所以，作为二十几岁的年轻人，除了学习理财知识外，还要掌握一些投资门道，最终实现自己的财富愿望。

投资需要的不是运气，而是眼光

生活中，相信不少二十几岁的年轻人也从他人口中听到过"欲望"这个词语，人们对其评价多半也是负面的，但事实上，无论做什么事，都是要有欲望的，一个人只有在欲望的驱使下，才会敢想敢做，才会敢于追求自己想要的人生。

我们先来假设一下，假设有这样两个年轻人，他们都是二十几岁，同时从学校走入社会，他们能力不相上下，也都一无所有，一个总是积极向上、每天干劲十足、努力充实自己，每每遇到挫折，他依然鼓励自己不能消极；另外一个年轻人，他目标模糊、满足于现状、每天浑浑噩噩、得过且过，想象一下，五年后，他们会有什么不同？

的确，尽管只是五年的时间，他们的差距已经显现出来了，前者通过自己的奋斗，已经小有财富，做人办事顺风顺水，事业越做越大、春风得意；而后者，稍微遇到一些问题，便慨叹自己解决不了，每天活在抱怨中，常常为生计、金钱而苦恼。那么，这两种人，你想做哪种？当然是第一种。任何一个人，都想拥有灿烂的人生。为什么不同的人会有不同的命运？曾经有人说："人们往往容易把原因归结于命运、运气，其实主要是因为愿望的大小、高度、深度、热度的差别而造成

的。"可能你会觉得这未免太过绝对了,但事实上,这正体现了心态的重要性,废寝忘食地渴望、思考并不是那么简单的行为。不想平庸,你就要有强烈的成功的愿望,并不知不觉地把它渗透到潜意识里去。

其实,投资何尝不是如此?可能有些年轻人会说:"我有着强烈的愿望,我很想发财。"但事实真的是这样吗?我们先来看一个调查报告:

在今天的美国,已经有超过三千万的股民,针对这些股票,华尔街的专业人士曾做过调查,调查结果是:80%的股民炒股的目的并不是赚钱。投资是金钱游戏,是很多绅士们玩的游戏,而这些股民之所以加入到这一游戏中来,就是出自这一目的。比如,你处在一个富人圈中,你的朋友们都在玩这一游戏,为了不落后,你势必也想参加,这似乎已经成为大家标榜"成功人士"的一个重要标志了。

我们不得不承认,在我们的骨子里,是有着这样的赌博心态的,而投资行业就无疑就满足了我们这一心理。我们在忙碌而辛苦的工作之余,是乐于加入到这样"有趣"的场所来的。现在,我们来反省一下自己,你是不是也是处于这一目的进入投资行业的?

我们再来反问自己一个问题:你的家里需要添置一台洗衣机,在购买这台洗衣机之前,你大概会去商场,看看各种洗衣机型号的价格、性价比等,然后会在网上搜索它们的性能,查找相关资料，还有可能去亲戚或者朋友家打听他们用的是什么品牌的，甚至还有可能去网上查找相关价格等。但比起这台洗衣机，你对于手头所进行的投资又做了多少工作呢？你查找资料了吗？你所做出的努力又是购买洗衣机的几分之一呢？

所以，我们可以说，对投资行业的欲望，也只有化为行动，才有实现的可能。所以，我们必须要立志成为投资行业的专家。

接下来，我们举出几位投资大师的投资习惯，大概就知道该怎样做了。

巴菲特是我们众人皆知的股神。对于投资，他每天都会阅读至少5份财经类报纸，在购买每一支股票之前，他都会深入了解这家公司，至少是知晓这家公司连续三年以上的财务状况，以及了解这家公司在行业内的情报，使自己比其他人都更了解这家公司。

在中国民间，有个叫林园的投资高手，他的生活深居简出，他在购进每一支股票前，都会对该企业进行实地考察，下的工夫绝不是那些跟风投资的人所能比的。

在上海，还有一位民间投资高手叫殷保华，他是一位资深股民，刚开始时，他也碰了不少壁，后来经过勤奋苦学、到处拜师学艺，在业余时间，将市面上的投资类书籍几乎阅读了一遍，终于能写出让人叹为观止的投资书籍。

我们列出这些故事，就是要告诉那些致力于投资的二十几

岁的年轻人：投资绝不是赌博，不是凭运气赚钱的，而是需要下工夫，要学习专业的知识和积累经验，这就督促你要立志成为投资方面的专家。

的确，做任何一件事，要想把事情做到最好，你必须在心中为自己设定一个严格的标准，并且，在做事时，你一定要按照这个标准来执行，决不能马虎。投资行业，玩的就是金钱的游戏，涉及盈亏问题，更需要二十几岁的年轻人做足工夫，尽量把可能发生的情况考虑进去，把风险降到最低，以尽可能避免出现1%的漏洞，直至达到预期的效果。

做投资，你会技术分析吗

在投资行业，二十几岁的年轻人需要学习的基本知识有很多，其中重要的一点就是技术分析。当然，这要根据我们所投资的具体领域而定，可以划分为以下3种：

1.股票技术分析

股票技术指标，是相对于基本分析而言的。基本分析法着重于对一般经济情况以及各个公司的经营管理状况、行业动态等因素进行分析，衡量股价的高低。而技术分析则是透过图表或技术指标的记录，研究市场行为反应，以推测价格的变动趋势。其依据的技术指标的主要内容是由股价、成交量或涨跌指数等数据计算而来。

股票技术指标是属于统计学的范畴，一切以数据来论证股票趋向、买卖等。指标主要分为了3大类：

（1）属于趋向类的技术指标。

（2）属于强弱的技术指标。

（3）属于随机买入的技术指标。

基本分析的目的是为了判断股票现行股价的价位是否合理并描绘出它长远的发展空间，而技术分析主要是预测短期内股价涨跌的趋势。通过基本分析我们可以了解应购买何种股票，而技术分析则让我们把握具体购买的时机。大多数成功的股票投资者都是把两种分析方法结合起来加以运用。

股价技术分析和基本分析都认为股价是由供求关系所决定的。基本分析主要是根据对影响供需关系种种因素的分析来预测股价走势，而技术分析则是根据股价本身的变化来预测股价走势。技术分析的基本观点是：所有股票的实际供需量及其背后起引导作用的因素，包括股票市场上每个人对茫然的希望、担心、恐惧，都集中反映在股票的价格和交易量上。

随机指标KDJ：

（1）K值由右边向下交叉D值做卖，K值由右边向上交叉D值做买。高档连续二次向下交叉确认跌势（死叉），低档高档连续二次向下交叉确认跌势，低档连续二次向上交叉确认涨势（金叉）。

（2）D值<15% 超卖，D值>90% 超买；J>100%超买，J<10% 超卖。

（3）KD值于50%左右徘徊或交叉时无意义。

ASI指标：

（1）股价创新高低，而ASI未创新高低，代表对此高低点之不确认。

（2）股价已突破压力或支撑线，ASI未伴随发生，为假突破。

（3）ASI前一次形成之显著高低点，视为ASI之停损点。多头时，当ASI跌破前一次低点时卖出；空头时，当ASI向上突破其前一次高点回补。

布林指标BOLL：

（1）布林线利用波带可以显示其安全的高低价位。

（2）当易变性变小，而波带变窄时，激烈的价格波动有可能随即产生。

（3）高低点穿越波带边线时，立刻又回到波带内，会有回档产生。

（4）波带开始移动后，以此方式进入另一个波带，这对于找出目标值有相当帮助。

RAR指标：

AR为人气线指标，是以当天开盘价为基础，比较一个特定时期内，每日开盘价分别与当天最高价、最低价之差价的总和的百分比，以此来反映市场买卖的人气。

BR为意愿指标，是以前一日收盘价为基础，比较一个特定时期内，每日最高价、最低价分别与前一日收盘价之价差的总和的百分比，以此来反映市场的买卖意愿的程度。

2.证券投资技术分析

主要包括趋势型指标、超买超卖型指标、人气型指标、大势型指标等内容。

证券技术分析，简称技术分析。它是交易技术中的两大流派中的一支。

技术分析基于3大假设：

（1）市场行为包容消化一切。

（2）价格以趋势的方式演变。

（3）历史会重演。

技术分析者强调图表的重要性而坚决反对根据基础分析来进行交易决策。

流行的技术分析流派中比较著名的有：

道氏理论、波浪理论、江恩理论、魔山理论、混沌理论、捷径判断理论（基于数学模型的技术指标，如KDJ）。其中道氏理论为一切技术分析的开山鼻祖。江恩理论和魔山理论则是关于时间循环周期的重要理论。

3.现货白银投资技术分析

（1）保力加通道。保力加通道以一条移动平均线为基础，然后加上一定倍数的标准差形成通道顶，以及减去相同倍数的

标准差形成通道底。当价格波动大时，通道便会自动调节放大；而当市况平稳时，通道则相对较窄。

（2）顺势指标是一种重点研判价格偏离度的分析工具，量度平均线的裂口从而找出前市或后市之趋势，其数值一般在+100和−100的范围内波动。

（3）动向指标是一种趋势跟踪指标，主要指出市况是否正以某种趋势前进，如是正在升势中或跌势中，或者没有一定方向。

（4）动量线主要用来观察价格走势的变化幅度以及行情的趋势方向，计算公式是今日的收盘价与n天（例如12天或25天）前的收盘价的差值。透过观察动量线，可看出市况是处于上升、下降或者是疲软趋缓的走势。

（5）移动平均线是追踪价格趋势的一种工具，呈现历史走势平均价格，大致分简单移动平均线、指数移动平均线和加权移动平均线3种，其中以简单移动平均线最常用。

当然，年轻人要学习的投资技术分析还有很多种，如地产投资、贵金属等，但学习这些技术分析类型是我们进行投资的前提，不掌握这些基础知识，也只能在投资市场抓瞎，找不到方向。

做财富的主人

人生需要有计划性的投资

对于二十几岁的年轻人来说,人生不能没有目标和规划,如果没有规划,你就会像一只黑夜中找不到灯塔的航船,在茫茫大海中迷失了方向,只能随波逐流,达不到岸边,甚至会触礁而毁。同样,年轻人进行投资,也必须做好计划,计划是为实现目标而需要采取的方法、策略,只有目标,没有计划,往往会顾此失彼,或多费精力和时间。我们只有树立明确的目标,制订出详尽的计划,才能投入实际的行动,才能收获成就感和满足感。

当然,对于投资的规划,不仅是我们对目前趋势的合理预测,更需要我们自己现在的经济状况、手头资金,以及资金擅长的领域等做个准确的评估,将所有的这些因素糅合在一起,所得出的一个全新的结论。

的确,我们在潜意识中极为渴望某件东西或者某个目标的时候,实际上就是给自己设定了一个远景目标,而投资就是对金钱的渴望,而且,这种渴望获得的欲望越强烈,奋斗的动力也越充足,在这样的情况下,我们的大脑总是处于反兴奋的状态,我们会思路清晰、精力充沛,对于手头事有热情,然后就能完成难以完成的任务,克服很难克服的困难,最终发掘自己的潜能,达到最终的目标,实现梦想。

所以,接下来,你不妨找出自己的投资目标和计划。你可

以拿出一支笔、几张纸，然后按照接下来的步骤做：

1.整理出一个财务状况概要

在撰写你的计划书之前，首先要了解你的财务状况。你要记录你的现金状况，你可以借用Excel软件或者在一本记事本上将你所有的资产、收入和支出列出来，形成一份清单，其中还要你的信用卡和贷款情况。为了更好地掌握支出情况，你可以将最近三个月银行的对账单和信用卡账单收集起来，这样最近三个月的开销就一目了然了。

在你翻看这些账单之后，别忘了记下那些不经常发生的大笔支出。比如，你每年利用年假出去旅游的开支，购买了家电，房子重新装修等——这些支出每年或每几年才会发生一次。

2.列出优先目标

在了解了自己的财务状况之后，下一步就是要确定你的目标。你想在65岁时退休吗？或者你更希望再买一栋房子？人们只有先确定了优先目标，才有可能找到实现它们的办法。一旦找到了答案，就应该把你想要实现的目标列一份清单，然后按照它们对你的重要程度排序。要注意，你应该把偿还债务和退休储蓄作为重中之重，但至于去哪个岛屿旅游或者购买一件奢侈品孰轻孰重，就全凭你自己的喜好了。

3.制订储蓄计划

接下来我们要做的一个很有困难的事情就是确定你需要存多少钱来实现自己的目标。这不是简单地一句"今年的三分之

· 077 ·

—我要存起来"就行了。

首先，要认真地审视一下你列出的目标，如偿还债务和退休储蓄，然后计算出实现每一个目标需要多少钱。如果你希望偿还债务，就计算出每个月应该拿出多少钱来还债。如果你想要计算需要为退休存下多少钱，你还可以寻找一些储蓄方案。知道了所需的总额之后，就可以在这里计算出每个月需要储蓄的数额。

在知道了每一个目标所需要的费用，以及每个月需要存多少钱来实现它们以后（不论是用Excel表格还是记事本，你都应该用书面的形式把它们记录下来），你就可以开始为了实现这些目标存钱了。

4.制订你的投资计划

存钱不是投资，存钱也不会为我们带来财富，看那些身边拥有财富的人，他们都有自己的一套财富投资计划，当然，至于具体投资什么，还需要你根据自己的实际情况来考虑，比如，如果你害怕承担风险，那就投资基金，而如果你一直对股票尤其是其中一支股有研究，你不妨学学炒股。

诚然，我们强调远景的投资计划的重要意义，但这并不代表你应该固守目标、一成不变，很多专家为那些投资新手提出建议，要不断调整自己的计划，毕竟投资市场瞬息万变，没有一成不变的规则，也没有稳赚不赔的投资模式。

其实，不仅是投资，做任何事，年轻人都要及时调整自

己的计划，做事不能盲目，策略的第一步应该是明确自己的目标，有目标才会有动力，有了动力才能够前进。但在总体目标下，你可以适当调整自己的计划，平时多做一手准备，多检查计划是否合理，就能减少一点失误，就会多一份把握。

投资，最重要的是心态

有人说，投资市场，如果有经验，你就能赚到钱，有金钱就能获得好多经验。的确，不少人通过资金的投资获利百万甚至千万，而也有一些人在投资中亏损累累甚至倾家荡产，关键问题在于投资的心态。如何投资需要一定的基本功，但是能不能赚钱却是心态决定的。

相信每个二十几岁的年轻人都知道一点，投资是有风险的，有盈有亏，这是常理。但盈与亏带给人的感受是有天壤之别的，盈利了，就感到心情愉悦，自信心有很大幅度的提升，相反，一旦亏损，就会心情沮丧、自信心受到打击。表面上看，人的心情是被投资的盈利决定的，实际上，投资盈亏重在心态。

的确，我们不可否认的一点是，影响盈亏的因素有很多，如有投资领域因素，有时间因素，有政策因素，但最为重要的是心态的因素。

以炒股为例，我们发现，一直以来，人们都犯了这样一个错误——追涨杀跌,所谓追涨杀跌,就是看见股票呈上涨趋势时就买进,而看见股票下跌就想卖,克服起来非常不容易。归根到底,还是心态问题。有的股票确实是很有潜力的,是会让我们盈利的,但是需要一段时间,在刚买入的时候可能差一点,需要我们等待一段时间才会上涨,但是一些人在这个过程中就按耐不住了,然后割肉卖出,谁知道这只股票当天就涨了,此人后悔不已;有的股票明明破位了,下降趋势形成,也设好了止损位,但就是不执行,致使股票一跌再跌,错过最佳卖出时机,由小亏变成大亏,长时间套牢,最终煎熬不住割肉,造成重大亏损。其他各类情况不胜枚举。

失败的投资者情况千差万别,但全部是心态不好,一般情况下坚持不彻底,中途变节,或优柔寡断,贻误战机。

小张是一名国企员工,28岁,平时省吃俭用,上班几年也存了几万元,听朋友说炒股能挣钱,小张便将手头几万元投进去了,然后便坐等"战绩"。

一周过去了,小张终于等来了朋友的电话,朋友告诉他股票跌了一点,问小张什么想法,是继续等还是撤?小张可不敢大意,这是他几年的积蓄,他赶紧告诉朋友,把钱拿回来,虽然已经亏了点,好在不多。

就在小张卖出股票的第二天,朋友打来电话,说股票涨了,小张一拍大腿,悔不当初,后悔自己没坚持,于是,赶紧打电话又让朋友帮他买进。朋友照做了。

接下来几天，小张焦虑万分，总是在担心股票的事，吃不下睡不好，人都瘦了一圈。又过了一周，朋友来电话了，小张的股票涨了，小张惊喜万分，手舞足蹈起来，让家人不明就里。可是，小张没高兴几天，不到三天的工夫，小张跟朋友去交易所看盘，发现自己的股票跌了大半，情绪激动，瘫坐在地。

这则故事中，股民小张为什么情绪总是被股票涨跌情况牵动？因为他没有一个良好的心态，他听闻炒股挣钱，在没有学习炒股知识的情况下就盲目投资，股票是有跌涨的，他的情绪也随之变化，也难怪情绪激动了。

可见，良好的心态是成功所必须的，投资盈亏重在心态。的确，我们看那些成功的投资者，他们有着各自不同的投资经验，但他们身上有个共通点：心态好、敢于坚持、敢于止损，更懂得控制风险。

经验丰富的投资者告诉二十几岁的年轻人三点：买入要细心，持有要耐心，卖出要狠心，而且，这三点是联系到一起的，缺一不可。在投资中奋斗的人，有90%是聪明人，只有10%是所谓的"傻子"，但是结果是前者亏损后者赢利。为什么只有那些不计得失、波澜不惊的人才获利多多？我们应该经常思考这个问题。

在现实投资中，一些年轻人在理论上精通，而实践却不行。心态不好，着急发财的，肯定要失败。投资领域里，技术只是参考，关键是一个人的良好心态，因此，每一个渴望在投资中获利的二十几岁的年轻人，首先要修炼自己的心态。

如何成为一个优秀的投资者

我们都知道，无论是哪种类型的投资，都是金钱的游戏，更是考验我们智慧的博弈，所以，在投资中，机遇与风险是相伴相随的，它们如影随形。风险中蕴含了机遇，机遇中也存在风险，就看我们是智者还是愚人，智者总是懂得化险为夷，愚人却似乎总是深陷困境。

成败一念之间，对于二十几岁的年轻人而言，你若想从投资中获利，最重要的还是掌握交易中最好的品质——好心态，那么，对于投资中的一些不良心态，年轻人有必要摒弃，否则，只会让本来的自己变得更加的无法自知。把握其中的度，你将成为投资英雄。

1.赌徒心理

对于投资，一些年轻人本来就抱有不正确的心态。比如，他们认为，投资本来就如同赌博，一旦沾染，就很难戒掉，但其实这些人本身就带有根深蒂固的赌徒心态，要知道，无论是哪一种投资，都不是赌博，要想获利，也不是凭借运气，而是需要我们付出心血和努力。

不得不承认，很多投资都是有回报的，但不能因为这一点，就希望自己能通过投资一夜暴富，如果有这样的想法只会扰乱心态。在投资中，必须要具备严格、谨慎和纪律性这些品质，我们可以把投资当成自己的一种爱好，毕竟所投资的金钱是自己的闲散资金，这有利于我们克服自己的贪婪，有利于调整心态，这样，才能在投资这条路上走得更远更久。

2.跟风心理

在投资市场，到处都是消息，不少人尤其是那些缺乏经验的二十几岁的年轻人，他们没有独立的见解而经常听从别人的建议，人云亦云。以炒股为例，他们不懂得怎样分析当时的行情，所以别人怎么说，他们就怎样做，到后来他们都不知道自己的钱是怎么损失的。也有一些人，他们不相信自己的判断，宁可相信别人的错误，一旦发现投资失败、选择错误，就怨天尤人，更不愿意对自己的跟风心态负责。

其实我们发现，在生活中，大部分人投资失败的主要原因都在这里，看到别人挣钱，就效仿别人，看到别人对某项投资分析得头头是道，就唯命是从，一味跟风让他们不相信自己的判断，而愿意相信别人的错误，这样的心理在投资领域是可怕的，也是危险的，最终这些人都尝到了苦果。

3.随意交易

投资有风险，投资市场是危机四伏的，在投资行业，如果不掌握一定的规则和几率，是无法生存的。年轻的投资者，如果你只是想抱着来玩玩的心态,那么,你是赚不到钱的。

虽然投资市场存在风险,但只要你懂得控制风险的方法,就能将风险控制在一个较低的水平,而你首先要做的就是制订计划,要遵循"无计划,不交易"的原则。

4.一意孤行

有些投资者在投资过程中显得很浮躁,导致了整个投资就如同他的心情一样糟糕,他被情绪掌控住了,有时候会做出失去理性的举动,在不该出手的时候出手,在该出手的时候又没有行动;或者频繁交易,这样做都是为了证明自己判断的准确性,而这样做很明显是忽视了资金的安全,很容易导致投资失利。

二十几岁的你,如果是个情绪化的人,在你快要失去理智的时候,不妨进行模拟操作,这样,既能减少这段时间内因冲动而造成的损失,又能起到缓冲情绪、调整心态的目的。

其实,任何类型的投资都如同博弈,是当局者迷而旁观者清。盘面如人生,放下应该放下的,那么就能得到你所想得到的。面对投资的小波动,没必要惊慌失措,年轻人,你要做的是最有把握的投资。老一辈的赌徒有一句话:有赌不为输,在学会控制风险的同时,也要小心自己手头的每一项投资,一个成功的投资者,其个人能力是必不可少的,交易经验也是重要因素,但这些条件的前提是投资者必须拥有健康良好的交易心态。只有这样,你才能在投资领域长远地走下去!

第5章

投资红绿灯，所有不谈风险的收益率都是"迷魂药"

二十几岁的年轻人都渴望获得财富，在投资领域，到处是经验丰富的投资者，他们获得了财富的垂青。为此，年轻人心生羡慕，但其实，任何成功都绝非偶然，真正的投资高手，都有一套自己的投资心得，另外，他们的投资经验的获得，都是建立在脚踏实地学习的基础上，另外，对市场都有着敏锐的观察力和超前的想象力，更有着我们想象不到的意志力，这些都是二十几岁的年轻人需要学习的。

投资别冲动，保住本金是第一

我们都知道，投资是钱生钱的行业，所以，最基础的就是要拥有一定的本金，如果没有本金的话，就不存在投资了。而且，即便你遇到了一个再好的机会，如果你手头没有本金，那你只能干着急，所以，除了投资行业，几乎所有的行业，要想有所发展，留住本金是基础的工作，而要留住本金的办法只有两个：快速止损、别一次下注太多。

对于二十几岁的年轻人来说，可能你没有投资经验或者经验尚浅，那么，你可能有这样的想法：亏了点小钱倒是无所谓，但是如果亏损太多，就感到很困难了，这是人性使然。所以，在某项投资上，如果亏损太多的话，你的自信心一定会受到很大的打击。以炒股为例，既然你准备炒股，你就知道炒股要么赚钱，要么亏欠。赚到了钱，一定会在内心谴责自己，当时买进的时候为什么不多买点，而且会告诉自己，下次再遇到这样的机会，一定要抓住，要多买进。这样的想法是极其危险的。因为我们都深知一个道理，投资有风险。还是以股票为例，如果第一手进货太多，一旦股票下跌，就进入噩梦状态了。而对于每一次下跌，你都希望这是最后一天了，而有时候一点小小的反弹，你都将其看成希望的兆头，很快，你的这只

股票可能跌得更低，你的心又开始往下沉，你的情绪很快就被股票控制住了，也逐渐失去了对股票理性的判断。

那么，也许你会产生疑问，面对这样的情况，该怎样做呢？理智的做法是分层下注。比如，你原来打算买1000股某只股票，第一手千万别买1000股，你可以先买200股试试，然后可以静观其变，看看这只股票的运动是不是符合你的预想，然后再决定下一步该怎样做。如果这只股票与你的预想相差甚远，那么，尽快止损。一切正常的话，就再进400股，情况还是很理想的话，那就再买进1000股。

任何一个行业的投资都是有风险的，而且风险是没有定规的，你不投入的话，就不可能获利，但是你投入的话，也有可能亏钱，所以，要承担多少风险就成了每一个投资者最为头疼的事。美国金融大亨索罗斯曾在其自传中提到他对承担多大风险最为头疼。而实际上，要解决这一问题找不到任何一条捷径，也没有任何一个大师、专家在某个著作中给出过明确的方法，所以还是需要我们在投资实践中根据自身的情况不断摸索。

当然，年轻人，在投资过程中，要保住本金，还需要我们明确几个问题：

1.你的风险承受能力是多少

或许你会继续追问，那么，什么是我们对风险的承受力呢？最直接、最简单的方法就是问自己睡得好吗？如果你认为自己对某项投资的盈利状况担忧到睡不着的话，那么表明你为这项投资承担了太大的风险，你需要抛弃其中一部分，直到你认为自己能睡得好为止。

2.如果投资失利对你的影响有多大

你可以问自己，如果目前手头这项投资失利的话，对你造成的损失程度是多少？是难以为继现在的生活还是无足轻重？你的事业会受到多大的影响？如果对你造成的影响不是很大，说明你承担此次风险的能力较强。

3.知晓你投入的资金是多少

这是你需要明确的一点，这样，无论你给予了多大的投资，你心里都有底线，也就是无论如何都要保住本金，这是我们首要考虑的；其次我们才能考虑盈利，一味地想着盈利，而忘记保本这一点，很可能让我们舍本求末，损失更多。记住这一点，也能随时提醒我们投资不能盲目，不能意气用事。

所以，二十几岁的年轻人，你一定要记住，在投资中，最为重要的就是要做到保本，这一点，一定要谨记在心。在投资过程中，你每犯一次错，或者是每一次成功，你就会有更深层次的体会，久而久之，你就能体会这一含义了，也就知道该怎样做了。当然，这需要一个过程，任何一点投资心得的获得，都不是一蹴而就的，需要我们付出心血和努力。

财富之路，切忌空想主义

对于二十几岁的年轻人来说，最为重要的品质之一是脚踏实地。石油大王洛克菲勒曾说："从最底层干起，一点一点地获得成功，我认为这是搞清楚一门生意基础的最好途径。"这句话的含义是，任何一个人，如果想获得成功，都不可能做到一步登天，更不要有不切实际的幻想，投资也是如此，要想从投资中赚到钱，积累知识和经验，除此之外，别无他法。

然而，我们发现，现代社会，随着市场经济的逐渐深化和文化的多元化，有些人为了追求财富，也开始选择投资，但是他们企图通过投机取巧的方法来获得。比如，小道消息等，而实际上，即便是投资，也要脚踏实地、积累实力，任何"空中楼阁"都经不起时间和岁月的考验。

因此，二十几岁的年轻人一定要记住，投资最忌不切实际的幻想，要想投资，就要充实自己，手握底牌，才会底气十足，才会获得成功。乐安居董事长张庆杰以700元起家成为亿万富翁就是一个典型例子。

他和很多家庭贫困的农家孩子一样，在读完小学以后就开始赚钱。

刚开始，他做的是卖水果的工作，但他知道，光靠卖水果，是卖不出什么出息的。所以，在1987年，他带着身上仅有的700元南下来到深圳。

在刚到深圳的时候,他找不到好的营生,只好继续卖水果,每天累死累活,也只能挣几块钱。

一天,在卖水果时,他听到几位老乡在谈话,说的是深圳有很多村民到香港种菜,每天都会捎回一些味精、无花果等。这些东西利大又好卖。聪明的他发现,这是一个好的点子,于是,说干就干,他开始走村串户收购无花果、衣服、袜子等,再拿到市场去卖。

这虽然是一个小买卖,但本钱少,买的人多,他的生意很好。他买回的东西不到一小时就卖完了。他想出一个办法:东西一脱手,他就马上再去收购,然后再卖……不到一年,他赚到了16000元。有了这笔钱,他开始摆地摊。后来,他经营过服装,又从服装业转向珠宝,事业才开始大发展。

可能很多人会问,投资中,用700元能做什么?但这个问题也只有在实践和行动中才能找到答案,张庆杰也是这样做的,他从自己最熟悉的水果生意做起,艰苦奋斗,积累资金,寻找机会。

我们还发现,在投资中,一些年轻人一直专注于某项投资,但是又发现,投资走向似乎与自己的期望有出入,直觉和经验告诉他,此时应该放弃这项投资,但是要割肉,难免不舍,此时,他可能会幻想,或许事情会变得积极呢?而这种将困难合理化的幻想是极其致命的。事实上,任何一位投资高手是决不允许自己被情感左右的,即便割肉是多么痛苦,为了止

损，他都会立即将损失程度降到最小，否则，只会造成更大的损失。

一般而论，投资的基础打得越扎实，其成长、成功的空间就越高。只有将投资知识了解透了，基础到位了，才能开始做比较复杂和难度较高的工作，这就是循序渐进。

要摆脱不切实际的幻想，你需要遵循如下三个原则。

1.调整心态

在投资中，一定要有个好心态，一定要从学习基础知识开始。然而，一些人对此不屑一顾，认为投资就是赌博，认为自己运气好，这种心态需要调整。投资中要想赚钱，就不能有这样不切实际的幻想，只有心态调整好了，才能在投资领域有所成就。

2.耐得住寂寞

真正的投资高手都深知，投资很难给人以快乐和挑战的感受，要想真正有收益，就要有深刻的市场洞察力和甘于孤独的耐力，只有耐得住寂寞的人，才能真正有所学习、有所积累，才能在未来的职业生涯发展中获得成功。

3.积累经验

在投资领域，真正能帮助我们的除了知识，就是经验，很多投资高手正是凭借自己的经验才有了准确的判断力，所以，作为投资新人，要有意识积累经验，这无疑是职业生涯的大智慧。

总之，从基层工作做起，这是一种带有规律性的认识成果，具有普遍的指导意义。万丈高楼平地起，我们任何一个人，尤其是年轻人，职业生涯及其成功都是从基层做起的，要想成为高级工程师，就应从技术员开始做起；要想成为一名将军，就得从战士做起；要想成为一个营销总监，就得从业务员做起。而要想成为投资高手，首先应该摒弃那些不切实际的幻想。

成功投资者必备的投资理念和模式

　　生活中，相信不少二十几岁的年轻人在投资中都遇到过这样的问题，在初次投资的时候，找不到方向，你会借助书本上的知识或者听从朋友、前辈的建议。但是在具体的实践过程中发现，这些投资方法并不适合你，最终导致的是投资的失利，在后来多次的摸索中，终于发现该如何定位自己。

　　的确，条条大路通罗马，赚钱的方式方法有很多，投资只是其中一种，在投资中，也有很多理念、模式，只要是适合自己的就是好的，只要是能为我们带来利润的也就是好的，只要能让我们的投资之路走得轻快的也就是好的。符合这三个条件，我们在进行投资时才会有信心，也才会有意愿不断完善我们的模式，最终帮助我们赚取利润。

　　其实我们也知道，财富并不是轻而易举就能获得的，艰难和困厄只是我们遇到的一次次严峻考验，假如能够保持清醒的

第5章 投资红绿灯，所有不谈风险的收益率都是"迷魂药"

头脑和冷静的态度，就可以寻找到突破口。

因此，生活中的年轻人，你需要记住的是，当投资陷入困厄中、找不到路时，你就应该想尽一切办法使自己的情绪安定下来，并保持自己的头脑清醒，这样才能反省自己，才能看清你的投资理念和模式是否适合自己。

其实，在现实生活中，善于思考问题、善于改变思路的人总能给自己赢得机遇，在成功无望的时候创造出柳暗花明的奇迹。投资也是如此，你总会遇到各种条件的限制，但你的思路绝不能被钳制住，只要思路是活的，就一定能找到出路。

1916年，位于犹他州的弗纳尔小镇非常渴望修建一座砖砌的银行。这座银行将是小镇上的第一家银行。镇长买好了地，备好了建筑图纸，万事俱备，只差砖还没有着落。就在一切仿佛都进展顺利的时候，障碍出现了。这是一个致命的障碍，由于它，整个工程将毁于一旦：从盐湖城用火车运砖，每磅要2.5美元。这个昂贵的价格将断送掉一切：不会有足够的砖，也不会有银行了。

幸运的是，小镇里的一位商人开始以一个全新的角度来考虑这个问题。他想出了一个近乎愚蠢的主意——邮寄砖！结果是：包裹每磅1.05美元，比用火车运送便宜了一半的价钱。事实上，不仅是价格便宜了一半，所谓邮寄过来的砖和火车货运过来的所用的是同一班列车！而就是这么一个货运和邮递之间的价格差异使情况完全不同了。

几周之内，邮寄的包裹像洪水般涌入小镇。每个包裹7块砖，刚好可以不超重。这样，弗纳尔镇的居民很骄傲地拥有了他们的第一家银行。而且，这家银行全部是用邮寄过来的砖盖起来的。

一个人，在人生的各个阶段，难免会遇到各种不如意的事，而且并不是所有的问题都有好的解决方法，可是人们可以选择不同的方法解决这些事，就会得到不同的结果，这就是思路不同带来的。天无绝人之路。真正聪明的人会充分开动大脑，顺着好的思维方式，走向成功的快捷之路。

在现实生活中，很多时候，人们的痛苦都源于不知道自己的真正出路在哪里，不知道自己到底适合干什么，从而把自己摆错了位置。此时，你应该冷静下来，积极思考，努力寻找出路。而如果你以相当的精力长期从事一个项目，但仍旧看不到一点进步、一点成功的希望，那么你就应该及早掉头，去寻找适合自己、更有希望的道路。

其实，投资中又何尝不是如此呢？年轻人，如果你的某项投资一直没有看到收效，你就应该反思一下自己的投资是否正确。其实，如果你只会做"规定动作"，而不能突破自我、超越别人，就难以在投资中获利。而要摆脱和突破一种思维定势的束缚，常常都需要付出极大的努力。对此，你需要做到：

1.培养灵活的个性

善于适应环境表现出了人的灵活的个性，它能调节与环境

的关系；优化自己的心境和情绪；促进自己内在的动力。人们常说，性格决定命运，你一旦培养了自己这一方面的性格，也就获得了成功的入场券。

2.眼光长远

这要求我们在投资中，不为小利小益局限自己的思维。一个人如果能眼光长远，必定能做到思维独到。

总之，二十几岁的年轻人，从现在起，当你的思维活动遇到障碍，陷入困境，难以再继续下去的时候，往往都有必要认真检查一下：我们的头脑中是否有某种定势思维在起束缚作用？我们是否应该换个角度去看问题了？

巧用投资工具，理财理出新高度

说到投资，就不得不提到投资工具，所谓投资工具，并没有标准的定义，它泛指在投资中各类财产所有权或债权凭证的通称，用来证明持有人有权取得相应权益的凭证。股票、债券、基金、票据、提单、保险单、存款单等都是证券。凡根据一国政府有关法规发行的证券都具有法律效力。具有收益性、风险性、时间性。

从不同的角度、不同的标准可以对其进行不同的分类，我们可将其分为：

1. 债券

债券归类为定息收入的一种，是国家或地方企业为解决财政上的收支问题而长期举债融资的证券，其利息为契约性固定支付的，不论债务人的财务状况如何，亦均须支付。买进债券的投资者意指借出款项予政府或公司，而当债券到期时，债券发出者须偿还债务予债券持有者。

购买债券的好处在于风险较股票低的同时，回报却比银行储蓄利息高。事实上，若投资者所购进的债券是政府债券，并以当地货币为结算单位，不偿还的风险更是接近零，就算是公司发出的债券，其风险亦较该公司股票低，当然针没有两头利，低风险时回报亦低。

2. 股票

当你买进股票时意即你已成为一家公司的其中一个持有者，你除了享有股票付予的投票权外，亦有权分享公司派给股东的利润（即股息）。债券较股票的不同之处，主要在于其风险所在，前者的价格较为稳定，且更定时会收到利息（零息债券除外），但后者的价格却极为波动，且有没有股息派发更需视公司管理层的决定。当然高回报亦伴随着高风险，这个世界是没有免费午餐的。倘若公司决定不派发股息，则投资者则只好期望股价能够做好而获利。

3. 互惠基金

互惠基金是由专业的证券投资信托公司合法募集众人的资

金，且由基金经理人将资金投资于指定的金融工具。比如，股票、债券或其他货币市场工具等。基金的种类繁多，有只投资于大企业、中小企、政府债券、公司债券、股票或特定市场的股票或特定金融工具等，故投资者于选购基金时，必定要留意清楚基金是投资于哪个市场，以便确定合适与否。

投资基金的好处在于，投资者无需再为如何投资烦躁，一切均可留给专业的基金经理为你解困，投资者只需定期或一次性将资金投放于基金上，便可享受到基金经理的投资成果。理论上说，由于这些基金经理均对金融市场极为熟悉，且亦有一定的投资经验，故他们所做出的成绩应比我等小投资者好，但事实又是否真的如此呢？

4.外汇

外汇流动性很强，从投资来说，会比较短期或者中期一点。回报率方面，外汇的风险是很大的，特别是每天的波幅很大，而且一般来说无法保证回报。投资成本相对股票来说应该低一点，因为主要是买卖差价方面。比方说我投资是打个平手，我还是需要承受买卖的差价。

5.房地产

房地产不必多说，房地产投资应该是持有房产几年，通过租金收入来获得回报。房地产的投资成本也是非常高，除了第一笔出的钱多，可能以后投入的钱还不少。比如维护费、保险，所以要小心这个成本。

另外，在使用这些投资工具的时候，我们需要明确几个问题：

第一，了解自己之后，定好目标。比如你要5%的回报率，你就不要投资20%的工具，这跟你的投资目标是相差很远的，你要紧贴那个定好的目标。

第二，在股票市场或者别的地方，你有一些目标的止赚、止蚀位置，你要紧贴。

第三，每个月供款的，不要这个月供款之后，下一个月就不供款，或者休息半年才供款，这样就浪费了时间。

第四，分散风险，不要把所有的鸡蛋放在同一个篮子里面，这一点不必多说。

认识市场，掌握自己的投资资源

当今社会，市场竞争异常激烈，市场风云瞬息万变，市场信息的传播速度大大加快。我们都在寻找可以投资的市场，可以说，谁能抢先一步获得信息、抢先一步做出调整以应对市场变化，谁就能捷足先登，独占商机，获得财富。那么，在投资中，我们该如何选择市场呢？

为此，投资专家告诉那些刚涉足投资领域的二十几岁的年轻人，如果你想要投资成功，就要避开那些饱和的市场，而选

择他人没有涉足的区域。这一长远眼光的发展战略，不但能避开强劲的竞争对手的拼杀，而且可以独自开发一个前景广阔的市场。

很久以前，几乎所有人都认为只有硬件才能赚钱。比尔·盖茨是第一个看到软件前景的商人，而且"以软制硬"，把其软件系统应用到所有的行业或公司。微软开发的电脑软件的普遍使用，改变了资讯科技世界，也改变了人类的工作和生活方式。人们把盖茨称为"对本世纪影响最大的商界领袖"，一点也不过分。现在，传统经济已让位于创造性经济。美国统计表明，去年年底，只有31万员工的微软公司，市场资本总额高达6000亿美元。麦当劳公司的员工为微软的10倍，但它的市场资本总额仅为微软的1/10。尽管21世纪依然有汉堡包的市场，但其影响和威望，远不能同微软相比。

微软还是第一家提供股票选择权给所有员工作为报酬的公司。结果，创造了无数百万富翁甚至亿万富翁，也巩固了员工的忠诚度，减少了员工的流动。这一方法被别的企业竞相采用，取得了巨大的成功。

微软处处领先，靠的是什么，就是创新。要最大限度地发挥人的潜能，就不要受制于自缚手脚的想法。成功者相信梦想，也欣赏清新、简单但很有创意的好主意。

洛克菲勒先生曾说过一个抢占石油市场的经历：

在洛克菲勒进军石油界的第三年，炼油商们在宾州布拉德福又发现了一个新油田，于是，负责标准石油公司输油管业务的丹尼尔·奥戴先生便迅速带领他的团队扑向那个财富之地。

开采石油的那些人已经疯狂了,他们不分昼夜地开采,希望可以带着大把大把的钞票从此离开。也就是说,奥戴先生的管道和工人根本不够用。

此时,洛克菲勒站出来,对奥戴先生提出了建议,希望他能警告那些采油商,因为他们的开采量和开采速度已经远远超过了他们的运输能力,只有减慢开采速度,才不会导致这些黑金变成一文不值的粪土。然而,无论洛克菲勒怎么苦口婆心地劝说,傲慢和争强好胜的奥戴就是不为所动。

就在此时,洛克菲勒的竞争对手波茨动手了,他先在几个重要的炼油基地收购洛克菲勒的炼油厂,接着,他又开始在布拉德福德抢占地盘,铺设输油管道,要将布拉德福德的原油运到自己的炼油厂。

洛克菲勒意识到自己再不出手就晚了,于是,这一天,他来到宾州铁路公司大老板斯科特先生的家里,并直言不讳地把事情的利害告诉了他,但这位斯科特先生也是个固执的家伙,他对波茨的行为表示置之不理。无奈,洛克菲勒决定向这个敌人宣战。

首先,洛克菲勒解除了与宾州铁路的所有业务往来,而将自己的运输业务转给了另外两家支持他的铁路公司,在削弱他们力量的同时,他终止了与宾铁的全部业务往来,指示部属将运输业务转给一直坚定地支持他们的依赖于帝国公司运输的在

匹兹堡的所有炼油厂；随后指示所有处于与帝国公司竞争的己方炼油厂，以远远低于对方的价格出售成品油。

在这样的措施下，斯科特不得不臣服，尽管他很不情愿。

洛克菲勒的措施自然会引发对方的反击，为了打击洛克菲勒，他们把业务转手给洛克菲勒的竞争对手，并且，他们还倒贴给对方很多钱，无奈，他们只好裁员、削减公司，这引发了工人们的极大不满，最终，这些愤怒的工人们一把火烧了几百辆油罐车和一百多辆机车，逼得他们只得向华尔街银行紧急贷款。

就这样，这一年，他们不但没有挣钱，反倒损失惨重。

洛克菲勒的竞争对手波茨先生是个很有魄力的军人，他不愿意妥协，但是，他也是个识时务的人，最终，他决定不再与洛克菲勒决斗，而选择了讲和，停止了炼油业务。几年后，他还成为了洛克菲勒属下一个公司积极勤奋的董事。这个精明又滑得像油一样的油商！

洛克菲勒曾直言不讳地说："成功驯服这些傲慢的犟驴，我的心都在跳舞。"而他之所以能做到这点，就是因为他先人一步的魄力，决不让主动权流落在对手手里。

投资就是这样，你先抢一步，发现空缺的市场，就能得到金子；而你步人后尘，东施效颦，得到的可能就是失败。

为此，年轻人，你需要记住以下三点：

（1）找到市场空缺。

（2）把投资眼光放在别人不屑投资的项目上。

（3）对于那些已成态势的领域，就要做出特色。

总之，一个优秀的投资者，在制定任何投资决策的时候，都必须建立在开阔的视野、深邃的洞察力上。只有这样，才能寻找到合适的投资市场，发展你的投资计划。

第6章

储蓄理财，只有管好水库才能开源节流

对于二十几岁的年轻人来说，可能你的收入不高，没有太多的储备资金进行投资，那么，你首选的理财方式就是储蓄。储蓄是投资的基础，是一种最稳定、风险最小的理财方式，事实上，即便是那些成功者，也总是把资金的一部分放到银行，当然，储蓄也不是简简单单地存存取取，如何储蓄获得最大利益是我们储蓄前应该考虑的问题。

做财富的主人

储蓄是最简单、最靠谱的理财方式

生活中,相信每一个二十几岁的年轻人都有过"存钱"的经历,存钱其实就是储蓄,当然,储蓄指的是把钱存到银行里。

相对于任何其他投资类型而言,储蓄应该是风险最低的一种赚钱方式,对于一些毫无投资经验的二十几岁的年轻人,储蓄不失为一种最为妥当的积累财富的方式。

在我国,储蓄有以下几类:

1.活期存款

指不规定期限,可以随时存取现金的一种储蓄。活期储蓄以1元为起存点。多存不限。开户时由银行发给存折,凭折存取,每年结算一次利息。参加这种储蓄的货币大体有以下几类:①暂不用作消费支出的货币收入;②预备用于购买大件耐用消费品的积攒性货币;③个体经营户的营运周转货币资金,在银行为其开户、转账等问题解决之前,以活期储蓄的方式存入银行。

2.定期存款

指存款人同银行约定存款期限,到期支取本金和利息的储蓄形式。定期储蓄存款的货币来源于城乡居民货币收入中的结余部分、较长时间积攒以购买大件消费品或设施的部分。这种

储蓄形式能够为银行提供稳定的信贷资金来源，其利率高于活期储蓄。

3.整存整取

指开户时约定存期，整笔存入，到期一次整笔支取本息的一种个人存款。人民币50元起存，外汇整存整取存款起存金额为等值人民币100元的外汇。另外，你提前支取时必须提供身份证件，代他人支取的不仅要提供存款人的身份证件，还要提供代取人的身份证件。该储种只能进行一次部分的提前支取。计息按存入时的约定利率计算，利随本清。整存整取存款可以在到期日自动转存，也可根据客户意愿，到期办理约定转存。人民币存期分为三个月、六个月、一年、两年、三年、五年六个档次。外币存期分为一个月、三个月、六个月、一年、两年五个档次。

4.零存整取

指开户时约定存期、分次每月固定存款金额（由你自定）、到期一次支取本息的一种个人存款。开户手续与活期储蓄相同，只是每月要按开户时约定的金额进行续存。储户提前支取时的手续比照整存整取定期储蓄存款有关手续办理。一般5元起存，每月存入一次，中途如有漏存，应在次月补齐。计息按实存金额和实际存期计算。存期分为一年、三年、五年。利息按存款开户日挂牌零存整取利率计算，到期未支取部分或提前支取按支取日挂牌的活期利率计算利息。

· 105 ·

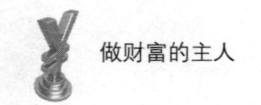

5.整存零取

指在存款开户时约定存款期限、本金一次存入，固定期限分次支取本金的一种个人存款。存款开户的手续与活期相同，存入时1000元起存，支取期分一个月、三个月及半年一次，由你与营业网点商定。利息按存款开户日挂牌整存零取利率计算，于期满结清时支取。到期未支取部分或提前支取按支取日挂牌的活期利率计算利息。存期分一年、三年、五年。

6.存本取息

指在存款开户时约定存期、整笔一次存入，按固定期限分次支取利息，到期一次支取本金的一种个人存款。一般是5000元起存。可一个月或几个月取息一次，可以在开户时约定的支取限额内多次支取任意金额。利息按存款开户日挂牌存本取息利率计算，到期未支取部分或提前支取按支取日挂牌的活期利率计算利息。存期分一年、三年、五年。其开户和支取手续与活期储蓄相同，提前支取时与定期整存整取的手续相同。

7.定活两便

指在存款开户时不必约定存期，银行根据客户存款的实际存期按规定计息，可随时支取的一种个人存款种类。50元起存，存期不足三个月的，利息按支取日挂牌活期利率计算；存期三个月以上（含三个月）不满半年的，利息按支取日挂牌定期整存整取三个月存款利率打六折计算；存期半年以上（含半年）不满一年的，整个存期按支取日定期整存整取半年期存款

利率打六折计息；存期一年以上（含一年），无论存期多长，整个存期一律按支取日定期整存整取一年期存款利率打六折计息。

8.通知存款

是指在存入款项时不约定存期，支取时事先通知银行，约定支取存款日期和金额的一种个人存款方式。最低起存金额为人民币五万元（含50000元），外币等值五千美元（含5000千美元）。为了方便，你可在存入款项开户时，即可提前通知取款日期或约定转存存款日期和金额。个人通知存款需一次性存入，可以一次或分次支取，但分次支取后账户余额不能低于最低起存金额，当低于最低起存金额时银行给予清户，转为活期存款。个人通知存款按存款人选择的提前通知的期限长短划分为一天通知存款和七天通知存款两个品种。其中一天通知存款需要提前一天向银行发出支取通知，并且存期最少需二天；七天通知存款需要提前七天向银行发出支取通知，并且存期最少需七天。

9.教育储蓄

教育储蓄是为鼓励城乡居民以储蓄方式，为其子女接受非义务教育积蓄资金，促进教育事业发展而开办的储蓄。教育储蓄的对象为在校小学四年级（含四年级）以上学生。存期规定：教育储蓄存款按存期分为一年、三年和六年三种。

账户限额：教育储蓄每一账户起存50元，本金合计最高限额为2万元。 利息优惠：客户凭学校提供的正在接受非义务教

做财富的主人

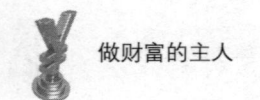

育的学生身份证明一次性支取本金和利息时,可以享受利率优惠,并免征储蓄存款利息所得税。

理财是从有计划的合理储蓄开始

前面,我们已经分析过,对于任何类型的投资或理财而言,储蓄都是基础,是资本积累的一种方式。虽然储蓄未必会成为富翁,但不储蓄一定成不了富翁。一些投资者,也包括二十几岁的年轻人,他们认为只要做好投资,是否储蓄并不重要,这是一种错误的认识。其实,投资的第一步就是储蓄,尤其是对于这些二十几岁的年轻人,对自己的资产不进行储蓄的话,很快你的钱包就见底了。也有一些人从未有储蓄的习惯,他们认为,享受生活就行了,无需储蓄;有的人认为储蓄利息太低了,还不如花掉;也有一些人认为,以后可以赚更多的钱,所以现在也不需要储蓄。

然而,这些认识都是错误的。首先,真正让我们变富裕的,并不是单纯的收入,而是储蓄。你可能认为,只要自己收入足够多、能赚到足够多的钱,就能改善一切。事实上,我们的收入和我们的生活品质是同比提高的,你赚得越多,你的需求也越大、花销自然更大,所以,我们可以看到一点,即便那些收入高的群体,也有不少人很难有积蓄。

其次,储蓄其实是付钱给自己。在日常消费中,我们付钱的对象都是别人,我们购买衣物,会付钱给收银员;我们贷款,需要付钱给银行。赚钱,我们是为了满足今天的生存;而储蓄,是在为未来做打算。

理财专家建议,对于二十几岁积蓄还少的年轻人,当每次发薪水时,可以把这笔钱分成两部分,第一部分大概占90%,用于支付生活费用,而剩下的10%则存到另外一个账户上,也许你认为每个月薪水的10%实在太微不足道了,然而,你却忽视了时间的力量,只要你坚持下去,一段时间以后,你一定会有意想不到的收获。或许有一天,这笔钱会成为你投资创业的资本。

林先生今年28岁,是一家国有企业的中层管理者,他在这家公司已经工作五年,月收入也近万元。在曾经的同学中,他的收入可以说是中等偏上,然而,那些收入不如他的同学,在储备资金上却远远超过了他。这让林先生不明就里。

如今,林先生也到了适婚年龄,他的父母也坐不住了,给儿子打电话,说他们愿意拿出20万元来给儿子买房子,只是在上海这样的大城市,首付远远不止这个数,所以他们希望林先生也拿出一部分,凑在一起作为房子首付。

然而,林先生却沉默了,不敢回应父母,原因是工作五年的他银行卡上连个六位数都没有。

还有一点让林先生感到困惑的是,父母都是收入一般的职工,哪来这么多积蓄?而且,他们的生活质量也不差,家里也管理得井井有条，再看看自己，月入万元，平时也没怎么花大钱，竟然与那些才入职场的月光族差不多。

除此之外，周围的朋友都知道林先生收入不少，也就鼓动他跟大伙一起投资，然而，林先生还是拒绝了，因为没有启动资金让他难以启齿。如今，周围的朋友都通过投资赚到了钱。

案例中的林先生收入并不少，却出现了这样的财务问题，这主要是因为他缺乏合理的储蓄规划。像林先生这样的年轻人，他们的收入足够应付日常开销，但是很难积累财富，主要就是因为他们在日常生活中没有储蓄，在花钱时也是毫无章法。表面上看，每一笔钱似乎数额都不大，但是一个月零零总总的加起来，他们一个月的收入也就所剩无几了。

实际上，对于财富，最重要的不是你赚了多少，而是你存下多少。我们看那些成功人士，几乎都有储蓄的习惯，他们会拿出收入的一部分作为长期的储蓄投资。当然，可供选择的投资方法有很多，但无论何种方式，最后储蓄额都会随着本金和利息的增长而逐渐增长，一段时间以后，他们的账户上就达到一定数额了。

为此，每个年轻人都要养成强制自己储蓄的习惯，并坚决执行储蓄计划。为此，你要做到：

1.强制自己储蓄

二十几岁的年轻人收入不高，来源单一，花费也比较多，但是一定给自己制订一个理财计划，强制储蓄，强制理财。

除了逐步缩减日常开支外，建议可以在银行开立一个零存

整取账户，每月固定投入部分资金，金额根据个人收入而定。比如，如果你的薪水在4000元左右，你可定在1000~1500元；同时可以开立基金定投账户，选择波动比较小的基金进行定投，每月投入1000元左右。

2.减少日常开支

如果消费没有节制，这对于你的长远规划是很不利的。为此，你需要改变这种局面：一方面定期进行家庭开支检查，逐步减少支出；另一方面减少信用卡使用的数量，信用卡不必很多，留一张有用的即可，以免产生不必要的支出；同时巧妙利用信用卡优惠活动，达到省钱的目的。

3.自我监督，坚决执行储蓄计划

再好的投资理财计划，如果只是嘴上说说并不执行或者三天打鱼两天晒网的话，都是起不到任何作用的，为此，你必须做好自我监督，坚决执行制订好的储蓄计划，如果你自制力不足的话，可以让身边的人监督你。

另类储蓄，让你获取最大利益

相信任何一个年轻人都已经认识到储蓄对于个人的意义是重大的，他是一种金融资产的累计方式，是投资的基础，也是私人财富的一种存在形式，他是把我们暂时不用的闲置资金存入银行，取得一定的利息，并在未来的日子中以备不时之需。

的确，对于生活中二十几岁的年轻人来说，每月挣的工资有限，但又面临住房、医疗、结婚以及生活这些压力，为了存些积蓄，不少年轻人选择了最稳妥的理财方式——储蓄。储蓄看似简单，但是你真的会存款吗？怎么存钱利息最多？怎么存款提供的流动性最大？

实际上，储蓄并不只是简单地存存取取，不要以为在银行存蓄很容易，其实里面大有技巧。只要灵活运用储种和银行推出的特色附加功能，你完全可以使存款利息最大化。

刘先生是一名部门经理，他已经存了6万元，只不过是活期存款，一个月未使用。按照最简单的存储方式，也就是存到银行的话，其利息收入为：60000×0.5%=300（元）。

很明显，这样的利息太低，后来，他的理财师给了他一个建议：选择了某银行的"双利理财账户"，并决定其活期账户留存1万元，其利息收益变为（不考虑复利因素）：10000×0.5%+50000×3.25%=1675（元），是单纯活期利息收入的5.58倍。

从刘先生的储蓄方法中，我们可以发现，存储技巧不同，所得收益也不一样。所以，年轻人在储蓄时，需要善于利用银行的一些特色功能，让自己获得更好的利息收入。

的确，金钱的本质在于流动，钱是不能休眠的。当今社会经济发展日新月异，资金只有在投资流通中才能不断实现保值

和增值。投资失误是损失，资金停滞不动也是损失。

当然，除了案例中刘先生的存储技巧外，还有一些办法可以提高存储效益。

1.组合法

现在，假设你有一笔1万元的资金，如果你存定期的话，利率随固定的年限不同而不同，而如果你提前取出来的话，算的就是活期的利息。比如说，你存了1万元三年期，还未到第三年的时候，你就急需要用这笔钱，那么你只能全部支取，而你的利息只能按活期利息计算。

于是，很多聪明人选择了组合储蓄法。比如，将1万元分成4份，第一份1000元，第二份2000元，第3份3000元，最后一份4000元，然后在需要的时候按自己的组合提前支取就好了。

2.滚动法

如果你有一笔资金，你可以把钱分成12份，每个月存一份相同年限的定期，这样每个月都有到期的，用时支取最近的就可以了，央行加息时也会受益。下面的一些存储小常识同样可以让你的存蓄实现利息最大化。

（1）少存活期。同样存钱，存期越长，利率越高，所得的利息就越多。如果你手中活期存款一直较多，不妨采用零存整取的方式，其一年期的年利率大大高于活期利率。

（2）到期支取。储蓄条例规定，定期存款提前支取，只按活期利率计息，逾期部分也只按活期计息。有些特殊储蓄种

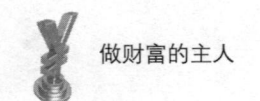

类（如凭证式国库券），逾期则不计付利息。这就是说，存了定期，期限一到，就要取出或办理转存手续。如果存单即将到期，又马上需要用钱，可以用未到期的定期存单去银行办理抵押贷款，以解燃眉之急。待存单一到期，即可还清贷款。

（3）滚动存取。可以将自己的储蓄资金分成12等份，每月都存成一个一年期定期，或者将每月的余钱不管数量多少都存成一年定期。这样一年下来就会形成这样一种情况：每月都有一笔定期存款到期，可供支取使用。如果不需要，又可将其本金以及当月家中的余款一起再这样存。如此，既可以满足家里开支的需要，又可以享有定期储蓄的高息。

（4）存本存利。即将存本取息与零存整取相结合，通过利滚利达到增值的最大化。具体来说，就是先将本金存一个5年期存本取息，然后再开一个5年期零存整取户头，将每月得到的利息存入。

（5）细择外币。由于外币的存款利率和该货币本国的利率有一定关系，所以有些时候某些外币的存款利率也会高于人民币。储蓄时应随时关注市场行情，适时购买。

选择适合的储蓄时间与储蓄方式

提到储蓄，一些二十几岁的年轻人可能会说，储蓄不就是把钱

放到银行吗？其实不然，即使是储蓄，也有一定的方法，要随着银行政策或者自身资金情况的变化而改变。因为采用不同的储蓄方法，就会得到不同的收益，我们来计算一下，如果拿你每个月的工资全部存起来，零存整取与活期储蓄相差2.375倍，而且，现在银行存储品种繁多，需要我们仔细筛选，今天我们就来学习几种储蓄的方法：

1.阶梯存储法

如果把钱存成一笔多年期存单，一旦利率上调就会丧失获得高利息机会，如果把存单存成一年期，利息又太少，为此可以考虑阶梯储蓄法。此法流动性强又可以获得高利息。具体步骤：

如你手中有五万元，可分别用一万开一年期，一万开两年期，一万开三年期，一万开四年期，一万开五年期，一年后，就可以用到期的一万元再去开设一个五年期存单，以后年年如此。五年后，手中所持有的存单全部为5年期，只是每个存单到期的年限不同，依次相差一年。

2.存单四分存储法

如果你现在有一万元并且在一年内有急用，并且每次用钱的具体金额时间不确定，那就最好选择存单四分法，即把存单分为四张，一千元一张、两千元一张、三千元一张、四千元一张，这样想用多少钱就用多少钱的存单。

3.交替存储法

如果你有五万元，不妨把它分为2份，每份2.5万元，分别按半年期、一年期存入银行。若半年期存单到期，有急用便取出，若不用便按一年期再存入银行，以此类推，每次存单到期后都存为一年期存单，这两张存单的循环时间为半年，若半年后有急用可取出任何一张存单，这种储蓄方法不仅不会影响家庭急用，也会取得比活期更高的利息。

4.利滚利存储法

所谓利滚利存储法又称驴打滚存储法，即存本取息储蓄和零存整取储蓄有机结合的一种储蓄法。具体步骤：假如你有三万元，你可以把它存成存本取息储蓄，一个月后取出存本取息储蓄的第一个月利息，再用这一个月利息开设一个零存整取储蓄户，以后每个月把利息取出后存入零存整取储蓄，这样不仅存本取息得到利息，而且其利息在参加零存整取又取得利息，此种储蓄方法只要长期坚持就会有丰厚的回报。

5.选择合理的存款期限

在利率很低的情况下，由于一年期存款利率和三年期、五年期存款利率相差很小，因此个人储蓄时应选择三年期以下的存期。这样可方便把储蓄转为收益更高的投资，同时也便于其消费时利息不受损失。

6.采用自动续存法

根据银行继续规定，自动续存的存款以转存日利率为计息依据，当遇降息时，如果钱是自动续存的整存整取，并正好在降息不久到期，你千万不要去取，银行在到期日自动按续存约

定的转存，并且利率还是原来的利率。

7.多选零存整取

该储种是以积数即每日存款的累加数为计息总额，其采用的利率为开户日的银行利率。因此储户不妨逐日增加存款金额。提高计息积数，它可以在降息的情况下获得以前银行较高的存款利息。

8.选择特别储种

如银行已开办的教育储蓄，可免征利息税，有在校读书的家庭均可办理，到期后凭非义务教育（高中以上）的录取通知书、在校证明，可享受免利率优惠政策。三年期的适合有初中以上家庭，六年期适合有小学四年以上的学生家庭。

9.少存活期，到期支取

同样存钱，存期越长，利率越高，所得利息就越多，如果你手中活期存款一直较多，不妨采用定活两便或零存整取的方式，一年期的利率大大高于活期利率。

以上这么多种类的储蓄方法，是为了让更多现在还不太了解储蓄的年轻人知道其中的奥秘。人们在选择保值投资产品的时候，通常在乎他的收益率。如今的市场，确实也鲜有能比的上储蓄来的更实惠和安稳的方式了，其他的理财产品，虽然短期或有收益的可能，不过多半风险巨大，让我们望而却步，所以学会最原始的储蓄，才是年轻人理财最重要的一课。

靠谱的储蓄，其实也有风险

我们都知道，储蓄对于我们来讲是最安全、最稳健的理财方式，几乎没有风险，然而，与其他投资方式一样，储蓄同样存在风险。对于储蓄来说，储蓄风险主要体现在以下两个大的方面：

第一，存款安全。

如果储蓄的存款凭证（存单、存折、银行卡）不慎丢失或者失窃，或者被其他人盗用，这样，我们储蓄账户上的钱就无法取出。

刘先生在一次旅游中丢失了自己的身份证和随身携带的活期储蓄卡，卡上有十万元，刘先生赶紧到银行挂失，但银行工作人员告诉他，几个小时前，他卡上的十万元已被窃贼分次取出了。

这里，刘先生就是因为没有妥善保管银行卡和密码，导致了钱财的流失。

生活中二十几岁的年轻人，可能大大咧咧，但对于储蓄卡这些存款凭证，一定要妥善保管，谨防丢失。

第二，收益安全。

这里所说的储蓄风险，是指不能获得预期的储蓄利息收入，或由于通货膨胀和其他原因而引起的储蓄本金损失的可能性。目前，我国处于通货紧缩阶段，不会发生本金贬值；我国银行机构还未有清盘倒闭的先例，应该说目前不会有本金损失的风险。预期的利息收益发生损失主要是由于以下两种原因所引起：

1.存款提前支取

根据目前的储蓄条例规定，存款若提前支取，利息只能按支取日挂牌的活期存款利率支付。这样，存款人若提前支取未到期的定期存款，就会损失一笔利息收入。存款额越大，离到期日越近，提前支取存款所导致的利息损失也越大。

2.存款种类选错导致存款利息减少

例如，有许多储户为了方便，将大量资金存入活期存款账户或信用卡账户，尤其是目前许多企业都委托银行代发工资，银行接受委托后会定期将工资从委托企业的存款账户转入该企业员工的信用卡账户，持卡人随用随取，既可以提现金，又可以持卡购物，非常方便。但活期存款和信用卡账户的存款都是按活期存款利率计息，利率很低。而很多储户把钱存在活期存折或信用卡里，一存就是几个月、半年，甚至更长时间，各种利息损失，可见一斑。过去有许多储户喜欢存定活两便储蓄，认为其既有活期储蓄随时可取的便利，又可享受定期储蓄的较高利息。但根据现行规定，定活两便储蓄利率按同档次的整存整取定期储蓄存款利率打6折，所以并不能达到尽量多获利的目的。

那么，怎样才能最大限度地避免储蓄风险，获得最大利息呢？

1.选择适当的储蓄种类和储蓄期限

储蓄存款有很多种类，如活期存款、定期存款、存本取息存款、零存整取存款等。在定期存款中，不同种类、不同期限的存款，其存款的利率是不同的。一般来说，期限越长利率也越高。但是如果储户选择了利率较高的定期储蓄存款以后，遇有急事要提前支取，那么存款利息就会有所损失。因此在确定存款的种类和期限时，要根据每个人的实际情况认真选择。

2.办理部分提前支取

如果储户在办理了定期储蓄存款以后，遇有急事要动用存款，这时如用款额小于定期储蓄存款额，即可采取部分提取存款的方法，以减少利息损失。办理部分提取手续后，未提取部分仍可按原存单的存入日期、原利率、原到期日计算利息。

例如，某储户有一张10万元的1年期定期存单，2019年7月10日存入银行，到2020年4月10日急需用钱1万元，此时他若不知道可办理定期存款的而提前支取手续，而将存单的10万元全部取出，那么这10万元全部都将按活期利率计付利息。如果他根据需要提前支取1万元，其余9万元仍按原存入日期的原利率计息，那么，该储户就比全部提前支取减少损失850元，即（100000–10000）×（2.25%–0.99%）×270/360＝90000×1.26%×0.75＝850（元）。

根据现行储蓄条例的规定，只有定期储蓄存款（包括通知存款）才可以办理部分提前支取，其余储蓄品种不能部分提前支取。

3.办理存单质押贷款

储户在存入1年期以上的定期储蓄存款以后，如需全额提前支取定期存款，而用款日期较短或支取日至原存单到期日的时间已过半，这时，储户可以用原存单作质押，办理小额贷款手续。这样既解决了资金急需，又大大减少了利息损失。

第7章

股市投资，在逐利与恐惧之间做好选择

在很多投资类别中，股票大概是很多投资者所青睐的，因为它具备高收益的特点。然而，收益与风险是同时存在的，在股票市场，每天都有人赚得金银满钵，也有人因为炒股而倾家荡产。对于人生财富处在积累阶段的二十几岁的年轻人，切记一点，股市有风险，投资需谨慎，在进入股票市场以前，不但要学习专业股票知识，更要调整好自己的心态，不可盲目投资。

你了解股票吗

提到投资，大概就不得不提股票，而炒股，顾名思义，就是从事股票买卖的活动。股票是股份公司发行的所有权凭证，是股份公司为筹集资金而发行给各个股东作为持股凭证并借以取得股息和红利的一种有价证券。每股股票都代表股东对企业拥有一个基本单位的所有权。每支股票背后都有一家上市公司。同时，每家上市公司都会发行股票的。

股票是股份制企业（上市和非上市）所有者（股东）拥有公司资产和权益的凭证。上市的股票称流通股，可在股票交易所（二级市场）自由买卖。非上市的股票没有进入股票交易所，因此不能自由买卖，称非上市流通股。

这种所有权为一种综合权利，如参加股东大会、投票表决、参与公司的重大决策、收取股息或分享红利等，但也要共同承担公司运作错误所带来的风险。

股票是一种有价证券，是股份公司在筹集资本时向出资人发行的股份凭证，代表着其持有者（股东）对股份公司的所有权。股票是股份证书的简称，是股份公司为筹集资金而发行给股东作为持股凭证并借以取得股息和红利的一种有价证券。每股股票都代表股东对企业拥有一个基本单位的所有权。股票是

股份公司资本的构成部分，可以转让、买卖或作价抵押，是资金市场的主要长期信用工具。

股票具有以下特性：

（1）不返还性。股票一旦发售，持有者不能把股票退回给公司，只能通过证券市场出售而收回本金。股票发行公司不仅可以部分回购甚至全部回购已发行的股票，从股票交易所退出，而且可以重新回到非上市企业。

（2）风险性。购买股票是一种风险投资。

（3）流通性。股票作为一种资本证券，是一种灵活有效的集资工具和有价证券，可以在证券市场上通过自由买卖、自由转让进行流通。

（4）收益性。

（5）参与权。

那么，股票该怎么分类呢？

1.根据上市地区可以分为

我国上市公司的股票有A股、B股、H股、N股和S股等的区分。这一区分主要依据股票的上市地点和所面对的投资者而定。

A股的正式名称是人民币普通股票。它是由我同境内的公司发行，供境内机构、组织或个人（不含台、港、澳投资者）以人民币认购和交易的普通股股票，1990年，我国A股股票一共仅有10只。至1997年年底，A股股票增加到720只，A股总股本为1646亿股，总市值17529亿元人民币，与国内生产总值的比率为22.7%。1997年A股年成交量为4471亿股，年成交金额为30295亿元人民币，我国A股股票市场经过几年快速发展，已经初具规模。

B股的正式名称是人民币特种股票，它是以人民币标明面值，以外币认购和买卖，在境内（上海、深圳）证券交易所上市交易的。它的投资人限于：外国的自然人、法人和其他组织，香港、澳门、台湾地区的自然人、法人和其他组织，定居在国外的中国公民，中国证监会规定的其他投资人。现阶段B股的投资人，主要是上述几类中的机构投资者。B股公司的注册地和上市地都在境内，只不过投资者在境外或在中国香港、澳门及台湾地区。

H股，即注册地在内地、上市地在香港的外资股。香港的英文是HongKong，取其字首，在港上市外资股就叫作H股。依此类推，纽约的第一个英文字母是N，新加坡的第一个英文字母是S，纽约和新加坡上市的股票就分别叫作N股和S股。

2.根据利润，财产分配方面可分为

（1）普通股。普通股是指在公司的经营管理和盈利及财产的分配上享有普通权利的股份，代表满足所有债权偿付要求及优先股东的收益权与求偿权要求后对企业盈利和剩余财产的索取权，它构成公司资本的基础，是股票的一种基本形式，也是发行量最大，最为重要的股票。目前在上海和深圳证券交易所中交易的股票，都是普通股。普通股股票持有者按其所持有股

份比例享有以下基本权利：

①公司决策参与权。普通股股东有权参与股东大会，并有建议权、表决权和选举权，也可以委托他人代表其行使其股东权利。

②利润分配权。普通股股东有权从公司利润分配中得到股息。普通股的股息是不固定的，由公司赢利状况及其分配政策决定。普通股股东必须在优先股股东取得固定股息之后才有权享受股息分配权。

③优先认股权。如果公司需要扩张而增发普通股股票时，现有普通股股东有权按其持股比例，以低于市价的某一特定价格优先购买一定数量的新发行股票，从而保持其对企业所有权的原有比例。

④剩余资产分配权。当公司破产或清算时，若公司的资产在偿还欠债后还有剩余，其剩余部分按先优先股股东、后普通股股东的顺序进行分配。

（2）优先股。它是相对于普通股而言的。主要指在利润分红及剩余财产分配的权利方面，优先于普通股。

优先股有两种权利：

①在公司分配盈利时，拥有优先股票的股东比持有普通股票的股东分配在先，而且享受固定数额的股息，即优先股的股息率都是固定的；普通股的红利却不固定，视公司盈利情况而定，利多多分，利少少分，无利不分，上不封顶，下不保底。

②在公司解散，分配剩余财产时，优先股在普通股之前分配。

做财富的主人

股票投资，选择比努力更重要

二十几岁的年轻人，如果你想要做股票投资，你首先需要这样做：

（1）先到有证券公司营业部银证转账第三方存管业务的银行办一张银行卡（开通网上银行），须本人带上身份证和银行卡在股市交易时间到证券营业厅办理沪、深股东卡（登记费一般90元，也有的营业部免费），便获得一个资金账户（用来登录网上交易系统）。同时可办理开通网上交易手续，或找驻银行的证券客户经理协办（更方便、更优惠）。

（2）下载所属证券公司的网上交易软件（带行情分析软件）或证券公司有附送软件安装光盘在电脑安装使用。用资金账户，交易密码登陆网上交易系统，进入系统后，通过银证转账将银行的资金转入资金账户就可以买卖股票操作了。

当天买入的股票要第二个交易日才能卖出（T+1），当天卖出股票后的钱，当天就可以买入股票。交易时间是每周一至周五上午9：30~11：30，下午13：00~15：00。集合竞价时间是上午9：15~9：25，竞价出来后9：25~9：30这段时间是不可撤单的（节假日休市）。

以上是入市和买卖股票的要点，至于如何选择股票，你可以遵循以下几点原则：

1.选择实力强的公司的股票

这也就是我们常说的蓝筹股。蓝筹是指赌场上资本雄厚

有实力者所持有的一种赌博筹码。蓝筹股泛指实力强、营运稳定、业绩优良且规模庞大的公司所发行的股票。

蓝筹股的特点是：投资报酬率相当优厚稳定，股价波幅变动不大。当多头市场来临时，它不会首当其冲而使股价上涨。经常的情况是，其他股票已经连续上涨一截，蓝筹股才会缓慢攀升；而当空头市场到来，投机股率先崩溃，其他股票大幅滑落时，蓝筹股往往仍能坚守阵地，不至于在原先的价位上过分滑降。

对应蓝筹股的投资技巧是：一旦在较合适的价位上购进蓝筹股后，不宜再频繁出入股市，而应将其作为中长期投资的较好对象。虽然持有蓝筹股在短期内可能在股票差价上获利不丰，但此类股票作为投资目标，不论市况如何，都无需为股市涨落提心吊胆。而且一旦机遇来临，却也能收益甚丰。长期投资这类股票，即使不考虑股价变化，单就分红配股，往往也能获得可观的收益。对于缺乏股票投资手段且愿作长线投资的投资者来讲，蓝筹股投资的技巧不失为一种理想的选择。

2.选择稳定的成长公司的股票

要在众多的股票中准确地选择出适合投资的成长股，一是要注意选择属于成长型的行业。目前，生物工程、电子仪器以及与提高生活水准相关的工业均属于成长型的行业。

二是要选择资本额较少的股票，资本较少的公司，其成长的期望也就较大。因为较大的公司要维持一个迅速扩张的速度将是越来越困难的，一个资本额由5000万元变为1亿元的企业就要比一个由5亿元变为10亿元的企业要容易多。

三是要注意选择过去一两年成长率较高的股票，成长股的盈利增长速度要大大快于大多数其他股票，一般为其他股票的1.5倍以上。

3.选择迅速发展的公司股票

迅速发展型公司是指开始时规模往往比较小，但活力强，年增长率为20%以上的公司。投资者如果选择恰当，股票价格会出现上涨十倍、几十倍，甚至上百倍的趋势。

如果投资者想买迅速发展型公司的股票，关键要认真了解该公司在哪些方面能持续发展。是否能保持迅速发展型增长速度，要注意寻找资产负债情况良好、获利丰盈的公司。简言之，只要是迅速发展型公司，不会永远迅速发展。诀窍就在于要发现这些公司何时停止发展，什么原因停止发展，可以发展所用成本占了多大比例。这在选择中有重要的参考意义。

不过，二十几岁的年轻人，投资发展迅速型企业的股票有很大的风险，尤其是那些热情有余，资金不足的年轻企业，一旦资金不足就会出现麻烦，甚至会出现破产的结局。一旦出现这种情况其股票价格就会出现下降。那么何时抛售迅速发展型股票呢？在这个问题上，一方面是不能错失有可能升值10倍的股票；另一方面，当公司分崩离析，盈利缩小时，投资者对股票所寄予的价格，收益比也会随之下降。对于那些忠诚的股票持有者来说，这实在是双重的晦气。

总的来说，我们可以总结出选择股票的要点：

首先，是技术面，看这支股票的趋势及空间，这个就要学会技术分析；其次，要看它的基础面，看这家上市公司是做什么的，它的产品被不被人看好，以往的业绩怎么样和未来是否被看好；再次，要看它的消息面，看看短期有没有什么利好、利空之类的消息，国家政策有没有什么对股市有利的；最后，可能要看看有没有内部的准确消息，消息不能全信，尤其是小道消息，除非你有朋友正在用大量奖金做这支股票，这样你可以跟着发点小财，但如果不是，千万不要盲目地进入。

对于技术方面，看软件就可以，信息软件里也有，不过有一些不是准确的，也不是及时的。要想获得第一手的资料不是一两个人就能办到的，需要一个团体；如果只是单独的散户，那么学好技术，短线操作，也能给你带来丰厚的利益；消息方面可以从证券公司手里得到。这几方面结合起来，如果都很好，那肯定是支好股票了。

股票买入几个重要时间点分析

任何一个二十几岁的年轻人都知道，股票是高风险的投资，然而，选股不如买入时机，可见买入时机在股票投资中的重要性，那么，如何选择买入时机呢？

（1）股价稳定，成交量萎缩。在空头市场上，大家都看坏后市，一旦股票价格稳定，量也在缩小，可买入。

（2）底部成交量激增，股价放长红。盘久必动，主力吸足筹码后，配合大势稍加力拉抬，投资者即会介入，在此放量突破意味着将出现一段飙涨期，出现第一批巨量长红宜大胆买进，此时介入将大有收获。

（3）股价跌至支撑线未穿又升时为买入时机。当股价跌至支撑线（平均通道线、切线等）止跌企稳，意味着股价得到了有效的支撑。

（4）底部明显突破时为买入的时机。股价在低价区时，头肩底形态的右肩完成，股价突破短线处为买点，W底也一样。但当股价连续飙涨后在相对高位时，就是出现W底或头肩底形态，也少介入为妙；当圆弧底形成10%的突破时，即可大胆买入。

（5）低价区出现十字星。这表示股价已止跌回稳，有试探性买盘介入，若有较长的下影线更好，说明股价居于多头有利的地位，是买入的好时机。

（6）牛市中的20日移动均线处。需要强调的是，股指、股价在箱体底部、顶部徘徊时，应特别留意有无重大利多、利空消息，留意成交量变化的情况，随时准备应付股指、股价的突破，有效突破为"多头行情""空头行情"；无效突破为"多头陷阱""空头陷阱"。

另外，购买股票时，我们可以遵循这样几点原则：

1.趋势原则

在准备买入之前,你首先要对大盘的整个运行趋势有所了解和判断。一般来说,绝大多数股票的运行趋势都和大盘呈一致。大盘处于上升趋势时买入股票较易获利,而在顶部买入则好比虎口拔牙,下跌趋势中买入难有生还,盘局中买入机会不多。另外,你还要根据自己的资金实力制订具体的投资策略。比如,你是决定准备中长线投资还是短线投机,确保自己的的具体操作行为,做到有的放矢。所选股票也应是处于上升趋势的强势股。

2.分批原则

在没有十足把握的情况下,投资者可采取分批买入和分散买入的方法,这样可以大大降低买入的风险。但分散买入的股票种类不要太多,一般以在5只以内为宜。另外,分批买入应根据自己的投资策略和资金情况有计划地实施。

3.底部原则

中长线买入股票的最佳时机应在底部区域或股价刚突破底部上涨的初期,应该说这是风险最小的时候。而短线操作虽然天天都有机会,也要尽量考虑到短期底部和短期趋势的变化,并要快进快出,同时投入的资金量不要太大。

4.风险原则

股市是高风险高收益的投资场所。可以说,股市中风险无处不在、无时不在,而且也没有任何方法可以完全回避。作为投资者,应随时具有风险意识,并尽可能地将风险降至最低程度,而买入股票时机的把握是控制风险的第一步,也是重要的一步。在买入股票时,除考虑大盘的趋势外,还应重点分析所要买入的股票是上升空间大还是下跌空间大、上档的阻力位与下档的支撑位在哪里、买进的理由是什么、买入后假如不涨反跌怎么办等。这些因素在买入股票时都应有个清醒的认识,就可以尽可能地将风险降低。

5.强势原则

"强者恒强,弱者恒弱",这是股票投资市场的一条重要规律。这一规律在买入股票时会对我们有所指导。遵照这一原则,我们应多参与强势市场而少投入或不投入弱势市场,在同板块或同价位或已选择买入的股票之间,应买入强势股和领涨股,而非弱势股或认为将补涨而价位低的股票。

6.题材原则

股市中,你若希望在较短的时间内获得较多的收益,你就要学会关注该题材的炒作和转化,虽然在股市中有众多的题材,但是转换非常快,不过也不是无规律可循,只要能把握得当,定会有丰厚的回报。我们在选择股票时,应选择那些有题材的股票而放弃那些无题材的;并且,你还要弄清楚是主流题材还是短线题材;另外,有些题材是经久不衰,而有些只不过是过眼烟云,炒一次就完了,其炒作时间短,以后再难有吸引力。

7.止损原则

投资者在买入股票时,都是认为股价会上涨才买入。但若买入后并非像预期的那样上涨而是下跌该怎么办呢?如果只

是持股等待解套是相当被动的，不仅占用资金错失别的获利机会，更重要的是背上套牢的包袱后还会影响以后的操作心态，而且也不知何时才能解套。与其被动套牢，不如主动止损，暂时认赔出局观望。对于短线操作来说更是这样，止损可以说是短线操作的法宝。股票投资回避风险的最佳办法就是止损、止损、再止损，别无他法。因此，我们在买入股票时就应设立好止损位并坚决执行。短线操作的止损位可设在5%左右，中长线投资的止损位可设在10%左右。只有学会了割肉和止损的股民才是成熟的投资者，也才会成为股市真正的赢家。

总之，买股票主要是买未来，希望买到的股票未来会涨。炒股有几个重要因素：量、价、时。时即为介入的时间，这是最为重要的，介入时间选得好，就算股票选得差一些，也会有赚；但介入时机不好，即便选对了股也不会涨，而且还会被套牢。所谓好的开始即成功了一半，选择买卖点非常重要，在好的买进点介入，不仅不会套牢，而且可坐享被抬轿之乐。

忌讳频繁交易，时机才是一切

在股票投资中，一些二十几岁的投资者喜欢追涨杀跌频繁买卖，却不知道频繁交易是投资中的大忌，是导致亏损的一个不可忽视的因素，频繁交易的结果也是十分恶劣的。

那么，什么是频繁交易呢？这是一个相对概念。比如，市场总流通市值20万亿元，一个月合计成交2万亿元，相当于一个月换手10%，如果你的操作频率远远大于这个水平，那么你就是一个有频繁操作习惯的人。

事实上，在股票投资中，喜欢频繁交易的投资者，他们都有一个心理，他们喜欢追涨杀跌，享受市场交易的快感，手不能闲着，甚至一天不交易就难受，比谁都勤劳，但并没有赚到钱，反而亏损连连。因此频繁交易对股票投资者来讲百害而无一利，其危害至少体现在以下三个方面：

1.增加了本钱

我们都知道，每笔交易都是需要手续费的，除此之外，还有很多其他的交易本钱。为此，在计算的时候，我们不能只算一笔账，而要把所有的账都加起去。如果你是一个频繁交易者，这个本钱会非常高。

炒股中，如果你入市时的本钱是一百万元，而以同一个价格买进200次，再卖出200次，不思量复利因素，100万元将自动归零。也就是说，假定利润翻一倍，相当于能够支付200次买卖的本钱，如果你全仓进出200次，那么翻一番等于白干，频繁交易会使投资本钱大大提高。

所以，可以看出，交易次数越多，我们需要的成本也就越高。

2.加大了犯错的概率

炒股玩的是金钱的游戏。交易越是频繁，出错的可能性就

越大。简单点来说，我们投资比的是胜率，而不是频率。就算每一笔买卖赢输的概率是相等的，假定各为50%，但输一单要赢两单才能补回去，10笔买卖，5笔做错了，5笔做对了，结果你要赔掉两笔半。交易频率继续加大，做100笔，那么净赔掉的可能是25笔，以此类推，买卖越多，错的越多。

3.干扰了我们的判断力和大局观

从一方面讲，同一只股票，交易越多，我们所花费的精力也就越多，你需要叮嘱交易中的每个细节，这会使投资者的时间和精力大大分散，而不会去思考大的发展方向。简单地说，频繁交易着眼于眼前，一定会忽视长远。

从另一方面讲，频繁交易也会影响投资者的情绪，而投资者一旦被情绪掌控，就很难对大势作出正确的分析和理智的判断。市场很弱时，你做成了一单，由于赚钱了，情绪好了，结果弱势在你眼中就可能变成强势；市场很强时，你做亏了一单，由于输了钱，情绪变坏了，结果强势在你眼中变成了弱势。频繁交易一定是有得有失，而这种得失，将左右投资者的情绪；带着情绪来分析市场，就会成为"趋势的色盲"。

要克服频繁买卖的交易习惯，可以从以下几个方面着手。

1.犹豫不决时不要轻易下单

炒股是跟风险打交道的事情，既然跟风险打交道，就没有绝对可靠的事情。但追求相对较高的把握，如做到稳若泰山，仍然非常重要。

事实上赚一笔和赔一笔，其价值是不同的，从理论上讲，一笔输单需要1.5笔赢单才能"轧平"。所以，没有百分之七十五的把握，是绝对不能下单的。在市场中要成为真正的赢家，应当将赢面保持在75%~100%。如果这样的话，犹犹豫豫的时分就是没有把握的时分，就是不该下单买卖的时分。简单地说，不管买进还是卖出，没有七八成的把握，不要下单。

2.没有足够的空间不要轻易进场

经常听到有人说，买进去赚一毛两毛，明天出去也好。这种想法听上去很实惠，事实上在证券市场完全不可行。对大部分投资者来说，资金是有限的，不像别人量很大，一毛两毛赚得也很可观。一般来讲，做短线没有3%的空间，不思量进去；做中线没有30%的升幅潜力，也应当抛却；至于做长线的话，50%甚至更高的期望才值得我们下单进场。说得更具体一点，10元的股票不涨3毛，不值得做短线；不涨3元不值得做中线；不涨5元以上，不值得长线投资。如果设定这样一个界限，就能减少一些不必要的操作。

3.完美的投资是一单买进，一单卖出

作为投资者，大概都希望进行最完美的投资，也就是低价一单买进，在最高价时卖出。尽管这一点在实际操作中的可能性很小，但作为一个追求的目标，它是存在的。只有不断地朝着这个目标买进，你的投资也才能不断趋于完美；而那种分批买进、分批卖出、滚动操作、摊低本钱，乍看上去很完美，但在实际操作中离完美的投资还是背道而驰的。

第8章

基金投资，按合理的价格买最好的基金

任何一个二十几岁的年轻人都知道，炒股获益大，但风险也同样大；储蓄风险小，但收益更小；而如果能将二者结合在一起，就形成了基金的优势：风险小、收益大。当我们把资金交给专业的基金经理人管理的时候，我们便省心多了。所以说，相对于其他投资来说，基金是一种风险较低、稳定且回报率高的投资方式，对于二十几岁投资经验尚浅的年轻人，可以选择这一赚钱方式。

你了解基金吗

基金有广义和狭义之分，从广义上说，基金是指为了某种目的而设立的具有一定数量的资金。

例如，信托投资基金、公积金、保险基金、退休基金，各种基金会的基金。人们平常所说的基金主要是指证券投资基金。

我们可以举个简单的例子，假如现在你手头有一笔闲置资金，你想将这笔钱投入到购买基金上，但是你却没有专业的投资知识，更没有时间和精力，而且你的资金并不是太多。此时，你就想到一个办法，你可以另外再寻找9个人和自己一起合伙出资，然后大家一起雇一个投资高手，以此来帮助大家实现财产增值。但是新的问题出现了，如果这10个人都和这位投资高手交涉的话，就乱套了，所以大家选举出一个代表来办这事。并且，大家定期从大伙合出的资产中按一定比例提成给他，由他代为付给投资高手劳务费报酬，当然，他需要亲自处理很多事，如挨家挨户地跑腿，关于风险投资的事也要提醒大家，要定期向大家公布投资盈亏状况。当然，他并不会白忙，提成中的钱也有他的劳务费。上面这些事就叫作合伙投资。

将这种合伙投资的模式扩大100倍、1000倍，就是基金。

这种民间私下合伙投资的活动如果在出资人间建立了完备

的契约合同，就是私募基金（在我国还未得到国家金融行规的认可）。

如果这种合伙投资的活动经过国家证券行业管理部门（中国证券监督管理委员会）的审批，允许这项活动的牵头操作人向社会公开募集吸收投资者加入合伙出资，这就是发行公募基金，也就是大家常见的基金。

基金不仅可以投资证券，也可以投资企业和项目。基金管理公司通过发行基金单位，集中投资者的资金，由基金托管人（具有资格的银行）托管，由基金管理人管理和运用资金，从事股票、债券等金融工具投资，然后共担投资风险、分享收益。基金不仅可以投资证券，也可以投资企业和项目。基金管理公司通过发行基金单位，集中投资者的资金，由基金托管人（具有资格的银行）托管，由基金管理人管理和运用资金，从事股票、债券等金融工具投资，然后共担投资风险、分享收益。

证券投资的分析方法主要有如下三种：基本分析法，技术分析法、演化分析法。其中基本分析主要应用于投资标的物的价值判断和选择上；技术分析和演化分析则主要应用于具体投资操作的时间和空间判断上，作为提高证券投资分析有效性和可靠性的重要补充。

基金根据不同标准，可以划分为不同的种类：

1.根据基金单位是否可增加或赎回,可分为开放式基金和封闭式基金

开放式基金和封闭式基金共同构成了基金的两种基本运作方式。

开放式基金是指不上市交易(这要看情况),通过银行、券商、基金公司申购和赎回,基金规模不固定;封闭式基金有固定的存续期,一般在证券交易场所上市交易,投资者通过二级市场买卖基金单位。

开放式基金,是指基金规模不是固定不变的,而是可以随时根据市场供求情况发行新份额或被投资人赎回的投资基金。封闭式基金,是相对于开放式基金而言的,是指基金规模在发行前已确定,在发行完毕后和规定的期限内,基金规模固定不变的投资基金。

开放式基金是世界各国基金运作的基本形式之一。基金管理公司可随时向投资者发售新的基金单位,也需随时应投资者的要求买回其持有的基金单位。开放式基金已成为国际基金市场的主流品种,美国和英国的基金市场均有90%以上是开放式基金。

封闭式基金属于信托基金,是指基金规模在发行前已确定、在发行完毕后的规定期限内固定不变并在证券市场上交易的投资基金。

由于封闭式基金在证券交易所的交易采取竞价的方式,因此交易价格受到市场供求关系的影响而并不必然反映基金的净

资产值，即相对其净资产值，封闭式基金的交易价格有溢价、折价现象。国外封闭式基金的实践显示其交易价格往往存在先溢价后折价的价格波动规律。

从我国封闭式基金的运行情况看，无论基本面状况如何变化，我国封闭式基金的交易价格走势也始终未能脱离先溢价、后折价的价格波动规律。

2.根据组织形态的不同，可分为公司型基金和契约型基金

基金通过发行基金股份成立投资基金公司的形式设立，通常称为公司型基金；由基金管理人、基金托管人和投资人三方通过基金契约设立，通常称为契约型基金。我国的证券投资基金均为契约型基金。

3.根据投资风险与收益的不同，可分为成长型、收入型和平衡型基金

4.根据投资对象的不同，可分为股票基金、债券基金、货币市场基金、期货基金等

股票基金是以股票为投资对象的投资基金，是投资基金的主要种类。股票基金的主要功能是将大众投资者的小额投资集中为大额资金。投资于不同的股票组合，是股票市场的主要机构投资者。

债券型基金顾名思义是以债券为主要投资标的的共同基金，除了债券之外，尚可投资于金融债券、债券附买回、定存、短期票券等，绝大多数以开放式基金型发行，并采取不分配收益方

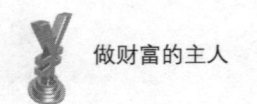

式，合法节税。国内大部分债券型基金属性偏向于收益型债券基金，以获取稳定的利息为主，因此，收益普遍呈现稳定成长。

新手该如何购买基金

购买基金一般就是指一些有闲钱的人投资的一种方式，把自己暂时不用的钱用来买基金进行投资，以获取保值并赢取利润。

事实上，当前基金作为一种理财工具已经被大多数老百姓所接受。并且，相对于股票这类高风险的投资而言，基金相对来说风险较低。但任何年轻人在投资基金前，依然是要学习一些基金方面的基本知识，以使自己的投资更理性、更有效。

第一，正确认识基金的风险，购买适合自己风险承受能力的基金品种。现在发行的基金多是开放式的股票型基金，它是现今我国基金业风险最高的基金品种。部分投资者认为股市正经历着大牛市，许多基金是通过各大银行发行的，所以绝对不会有风险。但他们不知道基金只是专家代你投资理财，他们要拿着你的钱去购买有价证券，和任何投资一样，具有一定的风险，这种风险永远不会完全消失。如果你没有足够的承担风险的能力，就应购买偏债型或债券型基金，甚至是货币市场基金。

第二，选择基金不能贪便宜。有很多投资者在购买基金时

会去选择价格较低的基金，这是一种错误的选择。例如，A基金和B基金同时成立并运作，一年以后，A基金单位净值达到了2.00元/份，而B基金单位净值却只有1.20元/份；按此收益率，再过一年，A基金单位净值将达到4.00元/份，可B基金单位净值只是1.44元/份。如果你在第一年时贪便宜买了B基金，收益就会比购买A基金少很多。所以，在购买基金时，一定要看基金的收益率，而不是看价格的高低。

第三，新基金不一定是最好的。在国外成熟的基金市场中，新发行的基金必须有自己的特点，要不然很难吸引投资者的眼球。可我国不少投资者只购买新发基金，以为只有新发基金是以1元面值发行的，是最便宜的。其实从现实角度看，除了一些具有鲜明特点的新基金之外，老基金比新基金更具有优势。首先，老基金有过往业绩可以用来衡量基金管理人的管理水平，而新基金业绩的考量则具有很大的不确定性；其次，新基金均要在半年内完成建仓任务，有的建仓时间更短，如此短的时间内，要把大量的资金投入到规模有限的股票市场，必然会购买老基金已经建仓的股票，为老基金抬轿；再次，新基金在建仓时还要缴纳印花税和手续费，而建完仓的老基金坐等收益就没有这部分费用；最后，老基金还有一些按发行价配售锁定的股票，将来上市就是一块稳定的收益，且老基金的研究团队一般也比新基金的团队成熟。所以，购买基金时应首选老基金。

第四，分红次数多的并不一定是最好的基金。有的基金为了迎合投资人快速赚钱的心理，封闭期一过，马上分红，这种做法就是把投资者左兜的钱掏出来放到了右兜里，没有任何实际意义。与其这样把精力放在迎合投资者上，还不如把精力放在市场研究和基金管理上。投资大师巴菲特管理的基金一般是不分红的，他认为自己的投资能力要在其他投资者之上，钱放到他的手里增值的速度更快。所以，投资者在进行基金选择时一定要看净值增长率，而不是分红多少。

第五，不要只盯着开放式基金，也要关注封闭式基金。开放式与封闭式是基金的两种不同形式，在运作中各有所长。开放式可以按净值随时赎回，但封闭式由于没有赎回压力，使其资金利用效率远高于开放式。

第六，谨慎购买拆分基金。有些基金经理为了迎合投资者购买便宜基金的需求，把运作一段时间业绩较好的基金进行拆分，使其净值归一，这种基金多是为了扩大自己的规模。试想在基金归一前要卖出其持有的部分股票，扩大规模后又要买进大量的股票，不说多交了多少买卖股票的手续费，单是扩大规模后的匆忙买进就有一定的风险，事实上，采取这种营销方式的基金业绩多不如意。

第七，投资于基金要放长线。购买基金就是承认专家理财要胜过自己，就不要像股票一样去炒作基金，甚至赚个差价就赎回，我们要相信基金经理对市场的判断能力。

那么，该如何开户购买基金呢？

1. 银行购买

（1）带上身份证去拥有基金代销资格的银行开一个存折或借记卡，并开立基金账户。在开户之后，只要按照销售机构规定的方式准备好购买基金的资金，且填写和提交《申购申请表》，就可以在柜台上买该银行代销的开放式基金了。

（2）也可以在开立基金账户后在柜台签约网上银行，通过该银行网站购买该银行代销的基金。柜台和该银行网站购买手续费1.2%~1.5%。

2. 证券公司购买

（1）带着银行卡和身份证，到证券公司营业部开个基金账户，可以在证券公司营业部买证券公司代销的基金。手续费1.2%~1.5%。

（2）在证券公司开立股东账户购买：证券股东账户可以买的基金较少，主要购买封闭式基金、ETF、LOF基金以及上交所进入上证基金通平台的基金。费率0.1%。

3. 基金公司网上直销购买

在银行开立银行卡后，在该银行网上开通网上银行，然后再到要买基金的基金公司网站开立基金账户，在基金公司网站直销平台购买基金。网上开户操作方法按基金公司网站所示操作步骤去做即可，开户后就可以在直销平台购买该基金公司的基金。

做财富的主人

赎回基金，你需要了解这些步骤

基金赎回又称买回，它是针对开放式基金，投资者以自己的名义直接或透过代理机构向基金管理公司要求部分或全部退出基金的投资，并将买回款汇至该投资者的账户内。人们平常所说的基金主要是指证券投资基金。证券投资的分析方法主要有三种：基本分析、技术分析、演化分析。其中基本分析主要应用于投资标的物的选择上；技术分析和演化分析则主要应用于具体投资操作的时间和空间判断上，作为提高投资分析有效性和可靠性的重要补充。

赎回基金，不是一种简单地卖出，它与投资者最终实现投资收益密切相关。

赎回基金，既要算小账——手续费、赎回当天的净值；更要算大账——为什么要在这个时点赎回基金，是否达到了自己的预期收益？既然投资基金是中长期的投资理财，那它就与炒买炒卖中的卖出有着本质的不同。

那么，如何办理基金的赎回？

基金赎回是投资者向基金管理人要求赎回其所持有的开放式基金份额的行为。

投资者办理基金赎回时，需要到原来开户的网点申请，也可以到相关基金公司网站或者银行网站申请赎回。

基金赎回的时间为证券交易所交易日的9：30~15：00。投资

者当日（T日）在规定时间之内提交的申请，一般可在T+2日到办理赎回的网点查询并打印赎回确认单。通过电话或网站申请赎回的投资者，也可以通过相应的方式查询和打印确认单。销售机构通常在T+7日前将赎回的资金划入投资者的资金账户。

基金的赎回遵循"未知价"和"份额赎回"原则。"未知价"指赎回价格以申请当日的基金份额净值为基准进行计算；"份额赎回"原则指投资者要按份额数量提出赎回申请（而在申购基金时是按金额提出申购申请）。每个账户单笔赎回的最低份额是100份，如果赎回使得投资者在某一个销售网点保留的基金份额余额少于100份，余额部分必须一并赎回。当日的赎回申请可以在当日15：00以前撤销。

年轻人，可能你会问，基金赎回的价格如何计算？

由于基金赎回实行"未知价"原则，因此，投资者在填写赎回申请时并不准确知道会以什么价格成交。也就是说，投资者在赎回时无法知道其持有的基金份额能够折算为多少现金。

基于这个原则，赎回的时机选择有时会给最终的赎回价格带来一定影响。投资者最好是在当天下午2点到3点的时间内决定是否赎回，这样可以估算出基金的份额净值。但需要注意，下午三点以后提交的赎回申请，是按照第二天基金的份额净值计算的。

投资者在赎回基金后，实际得到的金额是赎回总额扣减赎回费用的部分。其中的计算公式为：

赎回总额＝赎回份数×赎回当日的基金份额净值

赎回费用＝赎回总额×赎回费率

赎回金额=赎回总额-赎回费用

如投资者申请赎回10000份基金份额，并且在申购时采用了前端收费模式，当日的基金份额净值为1.200元，那么投资者实际可以拿到的赎回金额为：

赎回总额＝10000×1.200＝12000（元）

赎回费用＝12000×0.5%＝60（元）

赎回金额＝12000-60＝11940（元）

如果投资者在买入基金时采用的是后端收费的模式，而持有的期限还没有达到基金管理公司规定的可以免除申购费的要求，这时就还需要交纳一定的申购费用。

另外，年轻人，在基金赎回过程中，你需要缴纳一定的费用，也就是基金赎回费。赎回费是在投资者赎回基金时从赎回款中扣除。我国法律规定，赎回费率不得超过赎回金额的3%。目前，国内开放式基金的赎回费率一般为0.5%，也有的基金赎回费率根据持有期限的延长而逐步降低。

还有，在赎回基金中，你需要掌握几点小窍门：

第一，先观后市再操作。基金投资的收益来自未来，如要赎回股票型基金，就可先看一下股票市场未来发展是牛市还是熊市，再决定是否赎回，在时机上做一个选择。如果是牛市，那就可以再持用一段时间，使收益最大化；如果是熊市就提前赎回，落袋为安。

第二，转换成其他产品。把高风险的基金产品转换成低风险的基金产品，也是一种赎回，如把股票型基金转换成货币基金。这样做可以降低成本，转换费一般低于赎回费；而货币基金风险低，相当于现金，收益又比活期利息高。因此，转换也是一种赎回的思路。

第三，定期定额赎回。与定期投资一样，定期定额赎回，既可以做日常的现金管理，又可以平抑市场的波动。定期定额赎回是配合定期定额投资的一种赎回方法。

基金组合策略，助你科学投资

我们都知道，投资是为了获得更多的收益，购买基金亦是如此。对于二十几岁的年轻人来说，他们往往是初次购买基金或者投资经验不足，多数人只是投资一只基金，这明显是犯了把鸡蛋放在同一个篮子里的错误。然而，也有一些年轻人，盲从于不要把鸡蛋放在同一个篮子里的投资理论，结果，即便是为数不多的鸡蛋，也被放到了很多的篮子里。

比如，一些人本钱不多，只有几万元，却买了几十只基金，而且还都是股票型基金，很明显，投资风险增加了很多。事实上，除了这些年轻人，不少基金投资者虽然下了很大的本钱，付出了不少，但是投资结果却并不理想。

我们都知道，市场行情风云突变，基金的净值会伴随证券市场行情的下跌而变得缩水，从而给投资者造成投资上的压力和困惑。面对持有的基金产品，投资者究竟该做何应对呢？是静观其变，还是持有基金不动，可能都不是明智之举。最重要的是需要投资者转变投资观念，积极主动地适应市场环境的变化，采取优化投资组合的方式，应对基金净值下跌而造成的基金净值缩水现状。

为此，还需要掌握以下几个方面的优化之法。

第一，变集中投资为分散投资。投资者在面对证券市场震荡行情时，应当检查自己持有基金的品种类型和集中度。是不是将资金全部投资于股票型基金，或者持有一家基金管理公司旗下的多只同类型的偏股型基金。这种集中投资股票型基金的投资策略，在面临证券市场震荡时，将会进一步放大基金的投资风险，对投资者来讲是非常不利的，需要进行相应的调整。

第二，分散投资应当将品种锁定在低风险的债券型基金及货币市场基金上面，将会在一定程度上分散基金投资的风险，而不是将原来投资组合中表现不佳的同类型基金而转换成另外一种同类型的基金，从一定程度上起不到化解基金投资风险的目的。

第三，优化收益预期。在震荡行情下，投资者需要根据市场环境的变化及时调整原有的投资思路和理念，并调整未来的收益预期，才能使最优化的投资组合得到构建。而抱着等待净值回升，或者采取不闻不问的投资心态，将会因为预期收益的

约束而造成投资中的失误。因此，制定新的投资目标和收益预期对投资者来讲是非常重要的。

第四，优化投资策略是优化基金组合的关键。需要投资者在购买新基金和老基金、低净值基金和高净值基金、一次性投资法与定期定额投资法、基金现金分红和红利再投资中做出最优抉择，才能够更好地起到优化投资组合的目的。在基金组合的配置上应当提高低风险基金产品的投资比例。在新的投资组合中，股票型基金的比例应当适度调低，而将债券型基金及货币市场基金适度调高，并将仓位基本控制在70%以下，从而使投资者从容投资。

第五，持有平衡型基金不动是最优品种选择。既然股票型基金、债券型基金及货币市场基金，均有其个性化的投资特点，需要投资者在搭建投资组合充分考虑到风险和收益之间的互补性。但作为平衡型基金，其"进可攻、退可守"的投资策略，对稳定投资者的收益预期是非常重要。在投资者不能做出最优的组合计划时，应当持有平衡型基金，才是最佳选择。

总之，优化基金组合能有效地抵御风险，增加收益。如果没有基金组合，基金投资就很难规避风险，很容易出现亏损，为此，对于投资经验不足的二十几岁的年轻人，在基金投资中，一定要按照上面的方法，建立科学合理的基金组合。

第9章

保险投资，安全系数较高的投资方式

不少二十几岁的年轻人认为，自己无钱购买保险或者认为自己年纪轻，不需要保险，其实这是对保险的误解。保险并不是消费，而是理财，是花钱来应对风险的一种投资。要知道，这个世界上，最好先未雨绸缪，才能防患于未然。任何一个年轻人都要摒弃对保险的误解，树立正确的保险意识，从而降低生活中和人生路上的风险。

做财富的主人

你了解保险吗

在我们大部分人的人生规划中，都有保险这一项。那么，什么是保险呢？

从广义上说，无论何种形式的保险，就其自然属性而言，都可以将其概括为：保险是集合具有同类风险的众多单位和个人，以合理计算风险分担金的形式，向少数因该风险事故发生而受到经济损失的成员提供保险经济保障的一种行为。

通常，我们所说的保险是狭义的保险，即商业保险。《中华人民共和国保险法》明确指出：本法所称保险，是指投保人根据合同约定，向保险人支付保险费，保险人对于合同约定的可能发生的事故因其发生所造成的财产损失承担赔偿保险金责任，或者当被保险人死亡、伤残、疾病或者达到合同约定的年龄、期限时承担给付保险金责任的商业保险行为。投保人向保险人支付的费用被称为"保险费"。大量客户所缴纳的保险费一部分被用来建立保险基金应付预期发生的赔款，另一部分被保险人用作营业费用支出。如果自始至终保险人所支出的赔款和费用小于保险费收入，那么差额就成为保险公司的利润。

商业保险大致可分为：财产保险、人身保险、责任保险、信用保险、津贴型保险、海上保险。

大类别按照保险保障范围分类，小类别按照保险标的的种类分类。

按照保险保障范围分为：人身保险、财产保险、责任保险、信用保证保险。

（1）火灾保险是承保陆地上存放在一定地域范围内，基本上处于静止状态下的财产，如机器、建筑物、各种原材料或产品、家庭生活用具等因火灾引起的损失。

（2）海上保险实质上是一种运输保险，它是各类保险业务中发展最早的一种保险，保险人对海上危险引起的保险标的的损失负赔偿责任。

（3）货物运输保险是除了海上运输以外的货物运输保险，主要承保内陆、江河、沿海以及航空运输过程中货物所发生的损失。

（4）各种运输工具保险主要承保各种运输工具在行驶和停放过程中所发生的损失，主要包括汽车保险、航空保险、船舶保险、铁路车辆保险。

（5）工程保险承保各种工程期间一切意外损失和第三者人身伤害与财产损失。

（6）灾后利益损失保险指保险人对财产遭受保险事故后可能引起的各种无形利益损失承担保险责任的保险。

（7）盗窃保险承保财物因强盗抢劫或者窃贼偷窃等行为造成的损失。

（8）农业保险主要承保各种农作物或经济作物和各类牲畜、家禽等因自然灾害或意外事故造成的损失。

（9）责任保险是以被保险人的民事损害赔偿责任作为保险标的的保险。不论企业、团体、家庭或个人，在进行各项生产业务活动或在日常生活中，由于疏忽、过失等行为造成对他人的损害，根据法律或契约对受害人承担的经济赔偿责任，都可以在投保有关责任保险之后，由保险公司负责赔偿。

（10）公众责任保险承保被保险人对其他人造成的人身伤亡或财产损失应负的法律赔偿责任。

（11）雇主责任保险承保雇主根据法律或者雇佣合同对雇员的人身伤亡应该承担的经济赔偿责任。

（12）产品责任保险承保被保险人因制造或销售产品的缺陷导致消费者或使用人等遭受人身伤亡或者其他损失引起的赔偿责任。

（13）职业责任保险承保医生、律师、会计师、设计师等自由职业者因工作中的过失而造成他人的人身伤亡和财产损失的赔偿责任。

（14）信用保险是以订立合同的一方要求保险人承担合同的对方的信用风险为内容的保险。

（15）保证保险是以义务人为被保证人按照合同规定要求保险人担保对权利人应履行义务的保险。

（16）定期死亡保险是以被保险人保险期间死亡为给付条

件的保险。

（17）终身死亡保险是以被保险人终身死亡为给付条件的保险。

（18）两全保险是以被保险人保险期限内死亡或者保险期间届满仍旧生存为给付条件的保险，有储蓄的性质。

（19）年金保险以被保险人的生存为给付条件，保证被保险人在固定的期限内，按照一定的时间间隔领取款项的保险。

财产保险是以各种物质财产为保险标的的保险，保险人对物质财产或者物质财产利益的损失负赔偿责任。

人身保险是以人的身体或者生命作为保险标的的保险，保险人承担被保险人保险期间遭受到人身伤亡，或者保险期满被保险人伤亡或者生存时，给付保险金的责任。人身保险除了包括人寿保险外，还有健康保险和人身意外伤害险。

疾病保险又称健康保险，是保险人对被保险人因疾病而支出的医疗费用，或者因疾病而丧失劳动能力，按照保险单的约定给付保险金的保险。

人寿保险简称寿险，是一种以人的生死为保险对象的保险，是被保险人在保险责任期内生存或死亡，由保险人根据契约规定给付保险金的一种保险。

分红保险就是指保险公司在每个会计年度结束后，将上一会计年度该类分红保险的可分配盈余，按一定的比例、以现金红利或增值红利的方式，分配给客户的一种人寿保险。

投资连结保险就是保险公司将收进来的资本（保费）除了提供给客户保险额度以外，还会去做基金标的连结让客户可以享受到投资获利。

万能人寿保险（又称为万用人寿保险）指的是可以任意支付保险费以及任意调整死亡保险金给付金额的人寿保险。

再保险是以保险公司经营的风险为保险标的的保险。

医疗保险的常见种类

医疗保险，是指以保险合同约定的医疗行为的发生为给付保险金条件，为被保险人接受诊疗期间的医疗费用支出提供保障的保险。

医疗保险具有社会保险的强制性、互济性、社会性等基本特征。因此，医疗保险制度通常由国家立法，强制实施，建立基金制度，费用由用人单位和个人共同缴纳，医疗保险金由医疗保险机构支付，以解决劳动者因患病或受伤害带来的医疗风险。

医疗保险同其他类型的保险一样，也是以合同的方式预先向受疾病威胁的人收取医疗保险费，建立医疗保险基金；当被保险人患病并去医疗机构就诊而发生医疗费用后，由医疗保险机构给予一定的经济补偿。

因此，医疗保险也具有保险的两大职能：风险转移和补偿

转移，即把个体身上的由疾病风险所致的经济损失分摊给所有受同样风险威胁的成员，用集中起来的医疗保险基金来补偿由疾病所带来的经济损失。

医疗保险的责任范围很广，医疗费用则一般依照其医疗服务的特性来区分，主要包含医生的门诊费用、药费、住院费用、护理费用、医院杂费、手术费用、各种检查费用等。

医疗费用是病人为治病而发生的各种费用，它不仅包括医生的医疗费和手术费，还包括住院、护理、医院设备等的费用。

2016年7月14日，人社部公布《人力资源和社会保障事业"十三五"规划纲要》，其中提出，建立统一的城乡居民基本医疗保险制度和经办运行机制，同时，将职工和城乡居民基本医疗保险政策范围内的住院费用支付比例稳定在75%左右。

然而，生活中，包括一些年轻人在内，不少人对医疗保险仍然存在误区：

误区一：羊毛出在羊身上。

有些投保人认为，医疗险每年的理赔金额少于保费，很不合算，所以，生病住院还得靠平时的积蓄。其实医疗险的关键作用在于疾病风险的防范和转移，一旦出现突发性的重大疾病，个人的抵御能力是有限的，因此，还是应当通过商业医疗保险将自己承担的风险进行转移。

误区二：只有患重疾，医疗险才发挥作用。

实际上，医疗险并非只在投保人身患重疾时才起作用。当疾病发生时，消费者不仅面临医疗费用负担，还要承担医疗费用以外的开支。此时，专门针对医疗费用的报销型医疗险就能为投保人分忧。至于津贴型医疗险，无论投保人住院与否，都可对医疗费用进行补贴。

误区三：年轻时买理赔少，年老时买保费贵。

其实，消费者完全可以在年轻时未雨绸缪，做好终身医疗险的规划，年轻时交保费，年老时就无后顾之忧。

那么，常见的医疗保险险种有哪些？

买医疗保险之前，大多数人会问这样一个问题。医疗保险种类较多的，常见的医疗保险险种有普通医疗保险、意外伤害医疗保险、住院医疗保险、手术医疗保险、特殊疾病保险等。下面介绍上述几种常见的医疗保险险种。

1.普通医疗保险

普通医疗保险主要保障被保人因疾病和意外伤害支出的门诊和住院医疗费，是作为普遍的医疗保险险种，采用补偿方式给付保险金，但规定每次最高限额。

2.意外伤害医疗保险

一般是意外伤害保险的附加险，负责被保险人因遭受意外伤害支出的医疗费。保险金额可与基本险相同，也可另外约定，一般采用补偿给付方式。

3.住院医疗保险

住院医疗保险一般保障被保险人因疾病或意外伤害需要住

院治疗时支出的医疗费，但不负责被保险人的门诊医疗费。既可采用补偿方式，也可采用定额方式给付保险金。

4.手术医疗保险

该险种属于单项医疗保险，只负责被保险人因实施手术（包括门诊手术和住院手术）而支出的医疗费。其可以单独承担，也可作为意外保险或人寿保险的附加险承保。保险金可以采用补偿给付方式，也可采用定额给付方式。

5.特种疾病保险

该险种可以仅承保某一种特定疾病，也可承保若干种特定疾病，可以单独投保，也可作为人寿保险的附加险投保。当被保险人被确诊为患某种特定疾病时，保险公司即按约定金额一次性给付保险金，保险责任即终止。

接下来，医疗保险怎么理赔？

进行医疗保险理赔前，投保人需要准备以下资料：

（1）保险合同原件。

（2）被保险人的身份证件原件。

（3）填写理赔申请资料，包括：理赔申请书、授权委托书（如有代办）、委托银行转账申请书。

（4）被保险人在医院门诊或住院期间发生的治疗费用收据原件及收据对应的清单。

（5）定点医院的诊疗记录（如门诊病历原件和住院结束后的住院病历复印件、出院小结、诊断证明、各种检查报告等）。

（6）因意外或疾病死亡以及残疾，还需提供意外事故证明、死亡证明以及指定的残疾鉴定机构鉴定证明等。

了解必备的人寿保险常识

人寿保险是在众多保险品种中最重要的一种，它以人的寿命为保险目的，以生死为保险事故的保险，也称为生命保险。人寿保险一词在使用时有广义和狭义之分。广义的人寿保险就是人身保险，狭义的人寿保险是人身保险的一种，但不包括意外伤害保险和健康保险，仅是以人的生死为保险事件，保险人根据合同的规定负责对被保险人在保险期限内死亡或生存至一定年龄时给付保险金。

人寿保险的主要种类有：

1.定期人寿保险

该保险大都是对被保险人在短期内从事较危险的工作提供保障，也称"定期寿险"，指的是以被保险人在保单规定的期间发生死亡，身故受益人有权领取保险金，如果在保险期间内被保险人未死亡，保险人无须支付保险金也不返还保险费。

2.终身人寿保险

终身人寿保险是相对于定期人寿保险而言的，也就是不定

期的死亡保险，简称"终身寿险"。保险责任是从签订保险合同一直到被保险人死亡之时为止。

因为人最终是要死亡的，所以这一保险金最终还是要支付给被保险人的。由于终身保险保险期长，故其费率高于定期保险，并有储蓄的功能。

3.生存保险

生存保险是指被保险人必须生存到保单规定的保险期满时才能够领取保险金。若被保险人在保险期间死亡，则不能主张收回保险金，亦不能收回已交保险费。

4.生死两全保险

定期人寿保险与生存保险两类保险的结合。生死两全保险是指被保险人在保险合同约定的期间里假设身故，身故受益人则领取保险合同约定的身故保险金，被保险人继续生存至保险合同约定的保险期期满，则投保人领取保险合同约定的保险期满金的人寿保险。这类保险是目前市场上最常见的商业人寿保险。

5.养老保险

养老保险是由生存保险和死亡保险结合而成，是生死两全保险的特殊形式。被保险人不论在保险期内死亡或生存到保险期满，均可领取保险金，既可以为家属排除因被保险人死亡带来的经济压力，又可使被保险人在保险期结束时获得一笔资金以养老。

人寿保险还应该包括健康险，健康险承保的主要内容有两大类：

其一是由于疾病或意外事故而发生的医疗费用。

其二是由于疾病或意外伤害事故所致的其他损失。

其中，疾病保险中最重要的是重大疾病保险。重大疾病保险是指由保险公司经办的以特定重大疾病，如恶性肿瘤、心肌梗死、脑溢血等为保险对象，当被保人患有上述疾病时，由保险公司对所花医疗费用给予适当补偿的商业保险行为。

重疾险一般采用提前给付方式进行理赔，即被保人一经确诊罹患保险合同中所定义的重大疾病，保险公司立即给予一次性支付保险金额，不存在实报实销情况。

根据保费是否返还来划分，可分为消费型重大疾病保险和返还型重大疾病保险。

近年来，持续不断的巨灾成为了人身安全的一大隐患，为此，人寿保险中出现了一些新的灾难保障险种。目前市场上较多的是关于地震、泥石流等巨灾涵盖在保障范围之内，专门的"巨灾险"寿险产品比较罕见，而较常见的是以附加险的形式出现，即针对重大自然灾害可能给消费者带来的重大损失，给予双重保障。

以中德安联人寿保险有限公司产品为例，该公司所有保险产品都承保因地震等自然灾害而发生的，如身故、意外伤害、医疗费用等相关风险；并特别推出了3款针对重大自然灾害的附加

险，为地震、泥石流、滑坡、洪水、海啸、台风、龙卷风、雷击和暴雪9种常发的自然灾害提供额外的意外伤害保障。不过，类似暴乱及核爆炸（核辐射）等情况，不同于自然灾害，一般不在寿险公司的承保范围内。个别设置有地震免责条款的险种，如健康险，也可以通过购买附加地震险的方式，增加地震保障责任。

面对巨灾风险，首先我们需要做的应该是风险排查，整理一下现有保单，充分了解自己已经拥有的保障，尤其是了解地震、海啸、泥石流、暴雪等巨灾风险是否已经被涵盖，是否存在缺口。应针对现在的保障缺口进行补充，让自己的保障更为全面和充足。

在针对性购买保险产品时，投保人一定要了解清楚产品的保险利益和责任免除，了解清楚了这两项内容，才能使购买的保险产品成为实实在在的保障。

了解必备的财产保险常识

财产保险（Property Insurance）是指投保人根据合同约定，向保险人交付保险费，保险人按保险合同的约定对所承保的财产及其有关利益因自然灾害或意外事故造成的损失承担赔偿责任的保险。财产保险包括财产保险、农业保险、责任保险、保证保险、信用保险等以财产或利益为保险标的的各种保险。

财产保险是以财产及其有关利益为保险标的。广义上，财产保险包括财产损失保险（有形损失）、责任保险、信用保险等。与家庭有关的仅指财产损失保险，主要有家庭财产保险及附加盗窃险、机动车保险、自行车保险、房屋保险、家用电器专项保险等。以物质形态的财产及其相关利益作为保险标的的，通常称为财产损失保险。例如，飞机、卫星、电厂、大型工程、汽车、船舶、厂房、设备以及家庭财产保险等。以非物质形态的财产及其相关利益作为保险标的的，通常是指各种责任保险、信用保险等。例如，公众责任、产品责任、雇主责任、职业责任、出口信用保险、投资风险保险等。但是，并非所有的财产及其相关利益都可以作为财产保险的保险标的。只有根据法律规定，符合财产保险合同要求的财产及其相关利益，才能成为财产保险的保险标的。

财产保险的主要种类有：

1.财产险

保险人承保因火灾和其他自然灾害及意外事故引起的直接经济损失。险种主要有企业财产保险、家庭财产保险、家庭财产两全保险（指只以所交费用的利息作保险费，保险期满退还全部本金的险种）、涉外财产保险、其他保险公司认为适合开设的财产险种。

2.货物运输保险

指保险人承保货物运输过程中自然灾害和意外事故引起

的财产损失。险种主要有国内货物运输保险、国内航空运输保险、涉外（海、陆、空）货物运输保险、邮包保险、各种附加险和特约保险。

3.运输工具保险

指保险人承保运输工具因遭受自然灾害和意外事故造成运输工具本身的损失和第三者责任。险种主要有汽车、机动车辆保险、船舶保险、飞机保险、其他运输工具保险。

4.农业保险

指保险人承保种植业、养殖业、饲养业、捕捞业在生产过程中因自然灾害或意外事故而造成的损失。

5.工程保险

指保险人承保中外合资企业、引进技术项目及与外贸有关的各专业工程的综合性危险所致损失，以及国内建筑和安装工程项目。险种主要有建筑工程一切险、安装工程一切险、机器损害保险、国内建筑保险、安装工程保险、船舶建造险以及保险公司承保的其他工业险。

6.责任保险

指保险人承保被保险人的民事损害赔偿责任的险种。主要有公众责任保险、第三者责任险、产品责任保险、雇主责任保险、职业责任保险等险种。

7.保证保险

指保险人承保的信用保险，被保证人根据权利人的要求投保自己信用的保险是保证保险；权利人要求被保证人信用的保险是信用保险。包括合同保证保险、忠实保证保险、产品保证保险、商业信用保证保险、出口信用保险、投资（政治风险）保险。

8.海上保险

指以海上财产（如船舶、货物）以及与之有关的利益（如租金、运费）和与之有关的责任（如损失赔偿责任）等作为保险标的的保险。保险人对各种海上保险标的因保单承保风险造成的损失负赔偿责任。

9.飞机保险

指飞机、机上乘客及第三者责任为保险对象的保险。保险人负责赔偿因保单承保风险造成的飞机机身损失、乘客的意外伤害及对第三者应承担的赔偿责任损失。飞机保险通常分为机身险、乘客意外伤害保险、第三者责任险等险种。

10.铁路车辆保险

指在铁路上运行的机车及车辆作为保险标的的保险。保险人负责赔偿由保单承保风险造成的机车和车辆损失及旅客的意外伤害损失。

第10章

房产投资，在力所能及的范围内投资

房产投资就是利用房子来投资，相比跌宕起伏的股市，房市平稳很多，很多人把房产投资作为主要理财方式。对于二十几岁的年轻人，无论你买房的目的主要在于盈利，还是为了解决居住需求，你都可以考虑投资房产。而且相对于其他风险投资来说，房产投资相对稳定，具有稳定性和可靠性，所以可以说是自住投资两不误的赚钱方式。

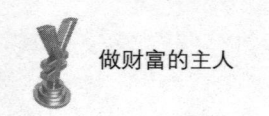

什么样的房子适合做投资

我们都知道,在生活中,每个人都离不开吃穿住行,其中住就需要房子,房子是人们生活的基础,每个人都希望有一个温馨的港湾,所以就希望能拥有属于自己的、物美价廉的住房。为此,买房也成为当今社会不少人的人生大事。

可见房子对现代人来说是多么重要。对于经济实力有限的大部分人来说,无论是自住还是投资,在购房过程中,都需要注意:

首先你要明确买房子是为了投资还是居住,投资的话要看那个楼盘或地段有没有升值潜质,居住则还要看周边的配套。当然这两者是相辅相成的。

1.户型面积

对于一些刚参加工作的二十几岁的年轻人来说,最好不要企图一步到位购买大户型,可以考虑购买总价低的中小户型的公寓。

一方面,这样的户型面积虽然不大,但是各项功能齐全,生活舒适性并不会降低;另一方面,支付压力小,实用性强。将来随着收入的增加和积累,可以将此房出售或出租,再另外购买面积大一些的房子,从而保证了进退不愁。

另外,理想的户型最好是厅卧分开,卧室的私密性能够得

到保证，厅卧功能互不干扰，能更好地满足住户的各种需求。

2.公共交通便利，到达工作地点方便

这是现代人购房的一个重要考虑因素，尤其是在一些大中型城市，如果住房和工作地点相距甚远，那么，你需要耗费很长时间在路上了。

3.配套设施是否完善

对首次置业的年轻人来说，经常听到配套完善的，其实到底什么才是你需要的配套，我觉得相对比较重要的是，房子有学区，这里的学区不是说名校，就是城区公立小学、初中，现在很多楼盘广告都号称在某中学、大学附近。这里，要搞清楚是否是民办中学，至于大学，则与学区没什么关系。

还有，社区周围的生活配套应该比较完善，应该具备购物场所、医疗设施、银行、学校等。

4.小区环境

社区环境的考察可以体现在多个方面，如物业管理的成熟，了解小区的维修保养是否及时，有没有失修失养的现象，保安是否尽职等；交通的便捷性，要看房子附近有没有地铁、公交车站等；商住有无分区，至少要保证娱乐、购物等活动影响不到居住的安静和安全。

精明的购房者会在晚上去考察以上我们提到的这些方面，因为这样比较容易了解到小区物业管理是否重视安全、有无定时巡逻，安全防范措施是否周全，有无无证小贩摆卖及其他情

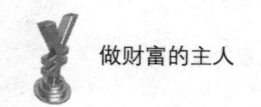

况引起的噪音干扰等。

然后要看开发商的实力，一般大的开发商在保证房子本身质量方面还是做的挺不错的；不少小的开发商都会或多或少的偷工减料，质量得不到保障。

5.房屋质量

买现楼要注意查验工程质量，如果购买现房，一定要注意查验楼房质量。

首先，要看开发商用的是哪一家施工单位，如果是正规的大公司，那么楼房质量就有保证，开发商如果是名不见经传的施工单位或包给"游击队"施工，那么房屋质量就难有保证。

其次，在买房时，请有经验的人帮助看一下。

最后，要查验建设工程竣工验收备案证明书、住宅质量保证书、住宅使用说明书以及物业管理方案。此外，还需要注意审查开发商承诺的公用设施和交付使用条件是否齐备，以避免不必要的损失。如住宅属于严重结构问题，则购房人有权退房；如住宅属于一般性质问题，则开发商有返修、保修的义务。

6.注意细节

这些细节有很多，如车位是否充足，房间的设计是否合理，装修是否符合自己喜好，配套设施是否适合生活所需，物业收费、取暖费用是否有理有据等各项验收细节都不可放过。

7.看清产权证书

产权是买房时要解决的头等大事，在这个问题上一定要慎

之又慎，决不能有一点含糊。如果你购买的不是现房，而是预售房，那么在挑选楼盘时就应详细查验房地产开发商和销售商的"五证"和"两书"。"两书"是指：《企业法人营业执照》《房地产企业资质证书》；"五证"是指：《国有土地使用证》《建设用地规划许可证》《建设工程规划许可证》《建筑工程开工许可证》《商品房预售许可证》。这些证书缺一不可，否则开发商无权售房。

总之，在购房时千万不要因为着急而草草地确定购买，而应该多看看多比较。

房产投资的优势分析

房产投资是指以房地产为对象来获取收益的投资行为。投资房产的对象按地段分投资市区房和郊区房；按交付时间分投资现房和期房；按卖主分投资一手房和二手房；按房产类别分投资住宅和投资商铺。

房产属于不动产，那么，什么是不动产呢？

不动产在划分上有一些分歧，不同国家对动产和不动产的界定也是不同的。

现在，国际上并不是单纯地把是否能移动及如移动是否造成价值的贬损作为界定动产与不动产的唯一标准，而是综合考虑物的价值大小、物权变动的法定要件等因素。例如，飞机、船只等，国际上通行将其界定为不动产；因为其价值较大、办理物权变动时要到行政机关进行登记等。

动产与不动产的划分，是以物是否能够移动并且是否因移动而损坏其价值作为划分标准的。

而动产和不动产有时是可以互变的。例如，果园中果树上的果实，挂在果树上时是不动产，但是如果采摘了下来，那就变成了动产；钢材水泥等是动产，但是用其做成了房屋，就变成了不动产。

现在的不动产是指不能移动或如移动即会损害其经济效用和经济价值的物，如土地及固定在土地上的建筑物、桥梁、树木等（包含在固定资产中间）。与动产相对。

投资就是为了利润（回报），不动产的投资价值就在于它的不移动，但价值依然会升高。

那么，作为不动产，投资房产有什么优势呢？

1.房地产是一种耐用消费品

房地产是人们生活的必须消费品，但不同于一般的消费品。一般情况下，房子的寿命都在上百年以上，最少也可几十年（产权期限是70年）。这种长期耐用性，为投资盈利提供了广阔的时间机会。

2.房地产的价值相对比较稳定

房地产相对其他消费品，具有相对稳定的价值。科技进

步、社会发展等对其影响相对比较小。不像一般消费品，如汽车、电脑、家用电器等，只会随着科技水平的发展，价值不断下降。所以房地产具有较好的保值增值的功能。

3.房地产具有不断升值的潜力

由于土地资源的稀缺性、不可再生性，以及人口上升、居民生活水平的提高，整个社会对房地产的需求长期处于上升趋势。具体来说，人总是要住房子的，而且有不断改变居住条件的需求。这些机会为房地产投资带来不可预期的收益。

接下来，我们了解一下如何投资房产？

无论是自住还是投资，升值潜力都是每个购房者选房时考虑的重要因素。而决定房源的升值潜力大小是要综合看他所处的区位、周边交通、配套设施以及他目前的价格、未来发展等各项要素。

对于投资房地产，首先要分析市场，一个没有发展潜力的市场，或者一个饱和了的市场，是没有投资意义的。高投入无非就是想换来高回报，所以说对市场的考察和分析一定要全面而且严谨。比如，现在说重庆的发展前景比较广阔，就是因为整个重庆的定位，它的五大定位：我国重要的中心城市之一，国家历史文化名城，长江上游经济中心，国家重要的现代制造业基地，西南地区综合交通枢纽。加上今年两江新区的设立，让重庆有着更多的发展机遇。

的确，房地产界有一句几乎是亘古不变的名言就是：第一是地段，第二是地段，第三还是地段。作为房地结合物的房地产其房子部分在一定时期内，建造成本是相对固定的，因而一般不会引起房地产价格的大幅度波动；而作为不可再生资源的土地，其价格却是不断上升的，房地产价格的上升也多半是由于地价的上升造成的。在一个城市中，好的地段是十分有限的，因而更具有升值潜力。所以在好的地段投资房产，虽然购入价格可能相对较高，但由于其比别处有更强的升值潜力，因而也必将能获得可观的回报。

看准时机，果断进入房市

我们都知道，房产是不动产，但是它能出售、租赁、抵押，又能有效抵御通货膨胀，因此，对于一些年轻人而言，很青睐这一投资方式。而且最近几年，我国楼市的行情很好、房价飙升，很多人开始投资房产并从中获利不少。并且与股票这类高风险的投资方式相比，投资房产相对稳定，这是因为房地产市场长期看好，只要有好的眼光，就能有好的投资收益。然而，我们也发现，房价始终居高不下，投资房产要想赚钱也并非易事，还需要我们有一定的资金和眼光，那么，投资房产的最佳时机是什么时候呢？

一、一年之中，年初、年中、年末房价稳定

有人说，年底房子便宜，有人说，等新年过了再买。还有人说，"金三银四""金九银十"……对于一年之中什么时候买房，因每年的市场不同，很难说有固定的规律。如果非要给出一些建议的话，可参考以下几点：

1.上半年买房和下半年买房

上半年买比下半年买，相对来说时机更好一些。上半年"两会"对于房地产来说是个大事件，两会上一般都会出台房地产相关政策，市场观望气氛浓，房价比较趋稳，入手时机不错。同时，一般新政的出台都会刺激开发商推出一些优惠政策，直接降低购房成本。另外，从历年来看，上半年房贷政策宽松，对贷款购房者来说，购房者更容易争取到优惠贷款利率。

2.下半年买房最好在11月以后

主要有两个原因，其一，"金九银十"过后，就开始转入淡季了。开发商在这段期间需要资金回流，会大幅度地推出优惠措施。同时为了刺激销售，也会推出一批特价房来吸引客户，宣传造势。这些都意味着，房价在这期间会出现维稳或下跌，而这时也是买房的好时机之一。

3.年底、年初买房都不错

春节前后，是上班族们相对空闲的时期，大家有更多的时间去挑选房源，买房是一个需要耐心和细心的事，花时间才有可能买到性价比更高的房子。除此之外，年前与年初一般是一年中房价相对最稳定的时期。

4.每月市场不尽相同

若是非要具体到月份来说,首先我们需要看看每个月的楼市都大概是个什么情况。

1~2月:春节通常在1~2月份,楼市的传统淡季,开发商供应量减少。受12月年底冲刺的影响,市场成交量下行,开发商会适当推出一些优惠政策,成交价格通常维稳或小幅下降,变化不大。

3~4月:迎来春节后的第一轮放量,供应明显增加,购房者活跃度增加,成交较前两月有明显上升,房价会处在触底反弹的过程当中。更为独特的是,统计数据显示,3~4月通常楼市政策出台相对密集(经验之谈,不存在规律),市场波动性强。

5~6月:上市开发商面临半年财报业绩,楼盘供应增加,市场整体成交量上升,价格趋于平稳或上升。开发商趁机跑量去库存,一般不会采用直接降价的形式,加大优惠、特价房等方式较常见。

7~8月:楼市传统淡季,存在房价维稳或小幅下降的可能性,买家卖家都处于观望时期,成交量下跌可能性较大。

9~10月:楼市传统的"金九银十"时期,进入销售旺季,大量新房源入市,也进一步激发开发商的拿地热情,房价上涨可能性大。

11~12月：经历了9月、10月后，供应相对减少，在经历9~10月的市场大热后，11~12月的购房者依旧维持较高的购房热情，成交量不减。

基于此，年初、年中、年末房价相对低一些，出手时机较佳。但房价的走势与市场供需、政策、土地诸多因素有关，如若出现对房价影响显著的政策或是高价土地成交，房价的波动会较大。

截至2016年5月，北京市纯商品住宅供应极少，共17209套，市场产生恐慌情绪，导致从2015年年底开始房价任性上涨。若后期无大量供应，房价还将持续猛涨，所以越早买越好。

二、单个项目抓住低价时机

相对于整个市场而言，单个项目也有价低价高的时候。

1. 项目刚开盘时价格最亲民

一般来说一个分若干期开盘的项目，会一期比一期卖得贵，第一期的首次大开盘，一定会是优惠力度最大、整盘价格最低的一次。即便之后楼市下行，但不到生死存亡万不得已，开发商是不会降价的，因为一降价就是自己打脸。

2. 买楼看土地是好方法

很多的销冠项目，并不是因为产品好或者销售好或者地段好，仅仅是因为贴着地王或楼王销售。"面粉"贵过"面包"后，"面包"当然得比着"面粉"涨价，再不济也得同价位销售。所以，从近期周边地价的涨跌情况推断出未来新盘的涨跌，及时入手也是好方法。

3.尾盘捡漏可遇不可求

现在的开发商为了防止尾盘卖不出去，会将最好的户型和最棒的位置留到最后。当然，价格也必然是整个项目最贵的。但是，当这个项目喊出清盘口号而又难以尽快清掉时，你就有了用较少的钱买更好的房的机会。

以房养房，投资全攻略

在房产投资商有个概念——以房养房，所谓以房养房，就是贷款购置了第二套房产后，出租第一套房产，以租金收入偿还月供的投资方式。原则来说，如出租房产年收益率高于银行按揭贷款利率5.508%（5年以上商业贷款利率下限），则应出租，反之则出售。

举例，一套位于北京市海淀区某大学附近，建筑面积约90平方米的高层住宅，房型是老式的三室一厅，目前市值估价为60万元。此房每年需要负担物业费、暖气费等共计2500元，如果以月租金3000元出租，那么一年的净租金收益为3000×12-2500=33500（元），年租金收益率为33500/600000=5.583%，略高于目前的银行商业贷款利率。

生活中的年轻人，如果你是个聪明的投资者，你会发现，

第10章 房产投资，在力所能及的范围内投资

家中的积蓄存入银行，利息收益较低；假如用它来投资房产后又将其出租，以现在市场上的租金水平来计算，后者的收益率肯定要高于银行存款的利率，也就是以房养房。此外，这种租金收益也相对稳定。在目前房贷政策紧缩、房产降温可期的情况下，"以房养房"风险究竟有多大呢？

可能是单位房改房，也可能是早期商品房，为了改善家庭的居住条件，你希望再买一套。怎样划算呢？

孙先生是某国企的老员工了，他就是"以房养房"者。十年前，他从单位里分配到的两室一厅老式公房，七十多平方米，在北京这样的大城市，他每个月将房子租出去，能拿到2500元左右的房租，加上手头的一些积蓄，他果断购置了另外一套新房，加上他和妻子的公积金，新房的贷款完全可以解决，就这样，全家人"轻轻松松"地住进了新的公寓。今年房贷利息调整，但月供只增加了二十几元，对小家的生活质量几乎没有什么影响。

和案例中的孙先生一样，近年来，有不少市民是靠"以房养房"理财积累财富的。他们通常的做法就是，原先购买过一套面积较小的住房，后来为了改善居住条件而另外贷款，购买了一套大面积的住房，然后将先前的住房出租，用获取的租金来偿还银行房贷，如果每月的租金大于每月偿还的房贷，则还能获取一定的收益。

那么，具体该如何"以房养房"呢？以下是总结出的几点

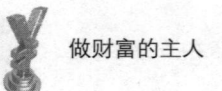

技巧：

1.出租旧房，购置新房

如果你的月收入不足以支付银行贷款本息，或是支付后不足以维持每月的日常开销，而你却拥有一套可以出租的空房，且这套房子所处的位置恰好是租赁市场的热点地区，那么你就可以考虑采用这个方案，将原有的住房出租，用所得租金偿付银行贷款来购置新房。

2.投资购房，出租还贷

有些人好不容易买了套房，却要面对沉重的还贷压力，虽然手里还有一些存款，但一想到每个月都要把刚拿到的薪水再送回银行，而自己的存款不知什么时候才能再增加几位数，心里就不是滋味。在这种情况下，可以再买一套房子，用来投资。如果能找到一套租价高、升值潜力大的公寓，就可以用每个月稳定的租金收入来偿还两套房子的贷款本息。这样不仅解决了日常还贷的压力，而且还获得了两套房产。但问题的关键是要判断准确。

3.出售或抵押，买新房

如果你手头有一套住房，但并不满意，想改善居住条件，可手里又没钱，好像一时半会儿买不了新房。如果你将手中的房子出售变为现金，就可以得到足够的资金。你可以将这部分钱分成两部分，一部分买房自住，另一部分采用第二个办法用来投资。如果你卖了旧房却一时买不到合适的新房自住，就不

如把原来的房产抵押给银行,用银行的抵押商业贷款先买房自住,再买房投资。这样,不用花自己的钱,就可以实现你改善住房,又当房东的梦想了。

然而,目前政府出台了一系列调控楼市的政策,这些政策的出台肯定会对楼市产生影响。如果房价下降,那么房租也将下降。到那时,"以房养房"一族的风险将会有所增加。"以房养房"的最大风险就在于租金收入的不确定性。

因此,"以房养房"一族要评估租金收入的稳定性,如果出租房配套设施齐全,并且地段较好,即使房产政策趋紧,也不会对租金收入的稳定性产生大的影响,这就可以继续采用"以房养房"。如果房租收入有下降可能,并且已不足以用于偿还每月的房贷支出,那么应考虑将这套出租房出售,将出售收入用于提前偿还房贷。偿还房贷后还有结余,可存入银行或购买国债以获取稳定的利息收入。

参考文献

[1]墨知行.投资理财从入门到精髓[M]北京：中国商业出版社，2017.

[2]罗伯特·清崎.富爸爸穷爸爸[M]成都：四川人民出版社，2019.

[3]艾玛·沈.理财就是理生活[M]北京：电子工业出版社，2018.

[4]罗春秋.从零开始学理财[M]北京：中国铁道出版社，2014.